我的履历书

自传

泽部肇

〔日〕泽部肇 著

范文 译

Sawabe Hajime

人民东方出版传媒
People's Oriental Publishing & Media

东方出版社
The Oriental Press

作者简介

［日］泽部 肇

　　1942 年，出生在日本东京。1964 年毕业于早稻田大学政治经济学专业，同年进入东京电气化学工业有限公司（现在的 TDK），1998 年任社长，2006 年任会长，2012 年担任顾问，2019 年卸任顾问。

　　还曾担任旭硝子株式会社（现在的 AGC）的社外董事、帝人株式会社的社外董事、野村证券株式会社的社外董事、株式会社日本经济报的社外监事。也曾任经济产业省产业竞争力战略会议委员、电子信息技术产业协会电子元件部会长、日本经济团体联合会中小企业委员会委员长等职位。现在为驻东京卢森堡大公国名誉总领事、株式会社荏原制作所的社外董事、早稻田大学评议会会长。

写在前面的话

"我的履历书"是日本最大财经报纸《日本经济新闻》的知名连载专栏，于1956年开设，邀请日本各界及全球的精英亲笔撰写人生经历，每月一人。执笔者中有松下幸之助、本田宗一郎、稻盛和夫，也有英特尔、GE、IBM等企业的经营者。它曾被《读卖新闻》誉为"时代的见证人"。

其中部分"我的履历书"已被编成图书在日本出版，我们从中精选具有代表性的经营者的自传介绍给中国读者。这些经营者都曾面临生存或发展的困境，然而他们都能秉持正念，心怀为人类社会奉献的大义，以顺势而为和热爱思考的态度成就美好人生……

更重要的是，他们深受东方哲学和中国传统文化的影响，一生都在追求正确的为人之道，追求做人应有的姿态，坚持利他的美好心灵，坚持正确的活法和思维方式。这些追求和坚守与中国读者有着文化上的共鸣和"山川异域，风月同天"的内在联系。

实际上，不管时代如何变化，技术如何发达，古今中外的真理都是相通的，追求"作为人，何谓正确"更是一个历久弥新的人生课题。诚如稻盛和夫在其自传中所说："决定人生的并非好运或厄运，而是我们心灵的状态……对于那些正在认真思考自己人生的人，或者正在认真学习工作和经营精髓的人，我的经验或许可以提供参考。"如果读者能够通过阅读这套自传丛书获得一些启示，借鉴一些经验，我们的出版目的也就实现了。

东方出版社编辑部

前　言

　　承蒙《日本经济新闻》的关照，本人有幸得以在报纸上连载"我的履历书"。他们计划在2019年12月，整整一个月都安排我的文章。可我不过是一介上班族，虽最终做了社长，却讲不出什么让人耳目一新的经营理论，更没有能让读者朋友欲罢不能的传奇秘话。因此，当时我心理负担不小：这可是拥有60多年历史的专栏版面哪！接下这个工作后的一段时间里，我惶然不安：到底该写点儿什么好呢？

　　最终心想，接都接了，干脆就写写"我与TDK的五十五年"吧。从1964年进公司，历任社长、董事长，随后也一直担任顾问，直到 2019 年 3 月底我才彻底退休。这大半辈子与 TDK 结下不解之缘，专栏的连载就打算如实记述——我与 TDK 的五十五年。如今您看到的这本书是以"我的履历书"文章为基础，又加以修改而成的。它是一本人生回忆录，特别是对我在 TDK 公司的职业生涯的回味。

TDK 公司在创业之初名为东京电气化学工业。这家公司是由当时风头正盛的钟渊纺绩株式会社（佳丽宝公司的前身）的高层，个人出资创建的。他们看准了东京工业大学电气化专业新研发的铁氧体磁芯技术。TDK 公司的诞生，有点类似于如今的风投大佬把钱投给了校企联合鼓捣出的新技术。就这样，1935 年 TDK 公司成立了。

我刚进公司那些年，也就是 20 世纪 60 年代后半期，日本正处于经济高度发展时期，全国上下可谓热火朝天。一直到 80 年代初期泡沫经济来袭前，TDK 创业初期的那些元老一直坚持活跃在第一线，各显神通，亲力亲为。公司也是蓬勃发展。

进公司的第七年，28 岁的我加入了新成立的社长办公室（经营策划部的前身），这一调整让我受益终身：平时我能近距离地接触第三任社长素野福次郎先生，他从创业初期就是核心成员；而后，我又跟随第四任社长大岁宽先生。从他们身上我学到了许多做人做事的真谛。基于此，我始终认为自己是带薪读书，还跟随着名师，何其幸运！

时间来到 1968 年，TDK 公司在美国销售音乐磁带，广受好评。凭借着这一在发达国家的成功经验，公司开始向全世界市场出击，势头犹如雨后春笋。随着业务扩展，公司不断壮大，内部面临着人手严重不足的问题，已经到了快要难以运转的地步。素野社长和大岁社长经常挂在嘴边的一句话是"管他是谁，有手有脚就用上"。

这样的局面，对我来说，倒也不是什么坏事。作为经常被抓去救急的一名"救兵"，我经常接到远超我这个年纪和资历能承担的重任，同时也拥有试错的权力。而且我不是社长，还不用担责，所以我放开手脚，凭着自己的判断大刀阔斧地去干，以保障公司运转。

那是我55年的职业生涯中最快乐的一段时光，在《日本经济新闻》的连载中，我也是这么说的。许多认识我的人读了连载后，也都说这段内容是最有意思的。说点公司内部的话题吧，我是TDK第六任社长。第五任社长佐藤博先生从创业元老手中接下经营管理重任，他开创了TDK历史上由普通职员一路历练晋升为社长的先例。我是第二例。我的下一任，也就是从第七任社长上釜健宏开始，已经对创业元老挥斥方遒的时代不甚了解了。

佐藤社长已离我们而去，如今还记得当年素野社长和大岁社长营造出的那种不受拘束、畅所欲言的公司氛围的人，包括我，已经屈指可数了。创业元老们心怀"振兴战后日本、为他人谋幸福"的志向，与其他人相比，他们的责任感、使命感更为强烈。

在为报纸连载奋笔疾书的日子里，我逐渐意识到记录下曾经的那些人和事，对于正好亲身经历了那段岁月的自己来说，是一项责无旁贷的工作。这正是我虽不才，也要尽力出版这本书的理由。读者朋友看到这里，可能会认为接下来的内容不过是"王婆卖瓜"。但我想说，在日本，许多公司都大力提倡"不易流行"的理念，这在日语中就是"永葆初心、不断创新"的意思。当年在我们 TDK 公司，的确能够切实感受到何为"初心"。

我年轻时，TDK 公司的总部位于神田，从司町的十字路稍微拐进去一点便是，租用了日立制作所的一栋六层楼。也许是受制于建筑覆盖率，它的外形像堆积木似的，越往高层面积越小。如今类似的建筑已很难见到了。

总部的后面是安装了遮阳棚的停车场，停车场的入口处有门卫室，当时雇了一对上年纪的夫妻，公司包他们住宿。到了晚饭时间，老奶奶就会把炭火炉搬到路边，一边扇火一边烤秋刀鱼。

就是这样一家名不见经传的公司，谁能想到日后竟被评为"优良法人"，甚至在世界经济中心——纽约，成功上市。我在社长办公室近距离见证并切身经历了TDK公司这一系列发展历程。

这本书从大学时代的故事写起，也起到了个人简介的作用。在整理成单行本出版之际，我将连载于《日本经济新闻》上的年少时期的内容往后编排。另外想强调一点，这本书只是记述我的见闻感受，并不能算作TDK公司的沿革。因我长期任职于这家公司，所以通过我的个人史，大家多少也能了解TDK公司的成长史。此书也夹杂了不少与TDK无关的，我私人的一些逸闻趣事，还望各位读者包涵。如以上说明，本书分为两章，分别收录了我当上管理人员后的职场经历，以及年少时期的经历。

目　录

第一章　初出茅庐

求学逸事

第二章　笨鸟先飞

第一章 初出茅庐

入职名不见经传的小公司

我出生于东京，就读于早稻田大学附属高中，随后直升进入早稻田大学的政治经济学院，学习经济学专业。那是 1960 年 4 月的事了，也就是"安保斗争"导致日本的社会动荡不安的那年。

我从未认真思考过政治问题和社会问题，是一个不折不扣的政治绝缘体，最关心的事就是和朋友混在一起。我记得入学后不久，朋友叫我一起去国会前游行，刚去我就感受到"前方危险"，便匆匆回去了。

其他学生可没闲着。大学封闭期间，有些学生对不能进入校园心怀不满，大声抗议并强行进入校园。他们虽然没有什么有建设性的主义和主张，对学生运动也漠不关心，但不甘心不蹭热度，也不愿乖乖接受学校限制他们入校的决议。而他们这样吵吵嚷嚷也只是为了进去泄愤，并不是为了争取学习环境。

相比之下，我是个十分现实的学生。大二时，懵懵懂懂间我就开始琢磨自己进入社会该干点什么，这应该也是资质平庸的学生都会去想的问题。大三，该选论文指导教师时，我报名加入人气爆棚的古川老师研究小组。因为听说这个组出来的学生能进一流企业，所以它在学生中十分受欢迎。

这个高水平经营学研究小组，是由一桥大学商学部部长古川荣一教授开设的。他是被早稻田大学特邀来授课的。听说，成绩没有 40 个优的话，进这个小组想都不用想。当时我只有大概30个优，按道理来说早该被刷的。

谁料事情出现了转机。面试时古川先生身旁坐着他的助手别府祐宏老师，我听到他悄悄对古川老师说："不如偶尔也破例选一下这种学生。"我不知道别府老师口中的"这种"是什么样的，不管怎么说，他的突发奇想使我幸运地受教于古川老师。这事儿过去几十年后，我终于有机会问已成教授的别府先生，那句话到底是什么意思。据他回忆，当时他看中了我身上那种、用现在的话来说叫作"复合型人才"的特质。

具体的我也没再追问了，多亏别府老师，我才有缘成为古川论文小组的一员，这缘分又以一种意想不到的形式助我入职了 TDK 公司。回头想想，人的命运有时真的是不可思议。我当上 TDK 的社长后，当年同一个论文小组里最为我高兴的人就是别府老师了。言归正传，古川老师的论文小组中，的确是高手云集，成绩优秀的人的达优科目都达到了四五十个。

　　我父亲是家里的长男，出身于东京北部王子地区的地主家庭。我也是长男，因而备受父母、爷爷奶奶、外公外婆的宠爱。长久以来，我身上都保留着"世界都要以我为中心"的孩子气，上了大学后，平时自我意识也比较强。

　　但是，在古川老师的论文小组我却是另一副样子。因别府老师的"慧眼赏识"才好不容易挤了进来，所以我会主动承担小组的一些幕后工作：准备研讨会用到的资料、摆放桌椅、策划并安排课间放松的活动等。我想自己既然论才华不行，那起码也做点力所能及的事。我这甘为绿叶的心态，大概是来自高中时代。当时，我全身心投入软式网球运动，但因有一位和我同届的同学在技术、人品方面皆十分优秀，我自然无缘成为主力队员登场比赛。

写毕业论文时，我参考了当时小有名气的美国经营学家路易丝·A.艾伦的书，定下"分权和集权"这一题目。

在撰写论文期间，我第一次尝到了做学问的乐趣，但这只是昙花一现，最终未成气候。不过，我进了公司后，也屡次接触到"分权和集权"的问题，这又能算作一个人生"奇谈"。

找工作时，因得知有去国外工作的机会，我就去应聘了当时非常热门的三井物产公司，结果毫无悬念地落选了。在那个年代，毕业生最想去的公司当数四大商社（三井物产、三菱商事、伊藤忠商事、丸红），此外还有东丽、帝人、旭化成等合成纤维公司。

我注意到TDK纯属偶然。那时候，它还是一家叫作东京电气化学工业的公司。也不知道是听谁提了这家公司，我便去问古川老师。古川老师立马回复说"我和这家公司的社长很熟的"。就这样，我去了公司一趟，并报了古川老师的名字。负责人事的员工回复道："古川老师和我是大学同学，我们很熟悉。"但是，后来仔细问了才知道，古川老师和我说的根本不是同一家公司，他把两家名字类似的公司弄混了。这一连串的误会，简直比电视剧还精彩。

临近毕业，我依然不清楚东京电气化学工业到底是做什么的公司，也考虑再读个研究生，继续校园生活。这时，是父亲推了我一把。他看着报纸随口说道："《四季报》把这家公司称作索尼第二呢。电子工学听着好像也挺不错的。"

听了父亲的话，我也脑补了许多场景。"去这种平平无奇的小公司，早稻田大学毕业的我好歹也能算是个'鸡头'吧。""如果他们让我作为新员工代表发言的话，该说点什么好呢？""我要在大家面前宣讲自己发展事业的雄心壮志。"

2019年春天，结束了55年的职业生涯，我开始着手整理一些物品。不经意间，秘书发现了我过去的人事记录，上面记载着我入职考试的成绩，科目有百科知识、作文、专业知识、英语等，谁料我每科的成绩竟都在合格者平均成绩以下。

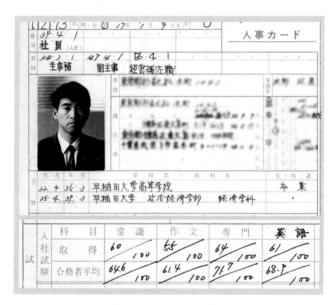

秘书发现的过去的人事记录

秋田培训遇到心中的故乡

 1935 年成立东京电气化学工业，之后又创立 TDK 公司并担任第一任社长的是，斋藤宪三先生。1898 年，斋藤先生出生于秋田县由利郡平泽町（现在的仁贺保市）。他深知当地人仅靠农业，收入来源单一，而农作物价格起伏、受冷冻灾害等都会直接影响农民收入，进而导致他们生活困难。因此，他想通过生计收入多样化的方法，把当地人从困境中解救出来，让他们过上幸福的生活。听说在斋藤先生小时候，秋田县只要遭受荒年，许多家庭常常要靠卖女儿才能维持生计。

 TDK 有不少工厂建在秋田县，正是基于以上考虑。1964 年，我进入公司，我的职业生涯正是在秋田培训时开启的。

 那天，我从上野车站乘坐夜间火车前往秋田县。许多朋友来给我送行，当时的我并没有"我要大展拳脚"的心情，而是心里七上八下地一直在想着：要是那位从小学到高中和我青梅竹马、上了大学后反而疏远了的女同学来给我送行的话，该说点什么好呢？可是，人家压根儿没来，我只好调整心情沉沉睡去。

一觉醒来，窗外一片晴空。我永远也忘不了眼前无边无际的日本海风光。出生在东京的我，到了秋田才终于知道"故乡"到底意味着什么。

一起来秋田的新员工大约有15人，有毕业于日本的那几所帝国大学的，也有和TDK关系密切的东京工业大学的，理科出身的青年才俊占多数。

TDK独立开发了运用铁氧体磁芯技术的运算元件，在1957年研发出收银用的电脑，为NHK提供国产的录音用的磁带。虽然它规模不大但一直致力于尖端技术的开发和运用。搞不清楚这些技术还小瞧它，认为它不过是一家名不见经传的小公司的，恐怕只有文科出身、对技术毫不关心的我了。另外，在1961年，TDK就已经在东京证券交易所上市了。

新员工的理论培训，是在一个像宾馆一样的地方进行的。课间，我去外面透气，有个人突然搭话："你是刚入职的吧？踏踏实实地好好儿干啊！"他大声鼓励我。我记起来，在东京都内某大会堂举行新员工入职典礼时，在台上讲话的人正是他。他就是开创了这家公司的斋藤先生。

当时，他已经从社长的位置退下来很久了，我和斋藤先生之间的对话也仅有那一次。当时我有些窘迫，匆忙结束了谈话。如今回头想想，那时候多聊几句就好了。

斋藤先生独具慧眼，看准了日本独立研发的铁氧体磁芯技术，认为这项技术未来具有无限可能性，因此创立了东京电气化学工业公司。这一切听起来水到渠成，但其中的艰辛可想而知。他是一位不断试错却又绝不气馁的、极富挑战精神的企业家。

为获得高品质的兔毛，他曾一心研究安哥拉兔的养殖方法。当年，他四处寻找如今我们所说的"天使投资人"，终于和大企业钟渊纺绩株式会社的高层搭上线。而那些高层陪着斋藤先生不断试错后，最终选择投资斋藤先生看准的铁氧体磁芯技术，TDK 才得以顺利成立。

养殖安哥拉兔与做电子工学，可算是风马牛不相及了。但不能否认这段失败的经历是 TDK 历史的一部分，如今这个插曲也被记录在公司发展史中。当时，我是刚刚进入公司的"职场小白"，偶然间遇到了传说中的斋藤先生，就算他那天给我一些宝贵建议，可能也不过是"对牛弹琴"罢了。但是转念一想，只要当时我认真听并记住了，之后总能参悟，那一定会成为我人生的财富。所以，每当想起这件事，我就后悔不已。

理论培训结束后，我们就来到了生产一线，一切从头学起。

秋田培训时在宿舍前和一起入职的同事合影（右为笔者）

秋田当地人一开始话比较少，熟悉后就知道他们其实很热心。我算是适应得比较快的，在生产线上培训时，曾和在那里的女工的聊天中，抱怨过宿舍的伙食不行。她就对我说"那啥，吃饲料呗"。我听了一头雾水，于是又确认了一遍她的意思，原来是我没听懂她的方言。她这次一字一字地跟我说："上－俺－家－去－呗！"

我长在东京，城市里人与人之间保持着一定的距离。在秋田，长这么大我第一次体验到了老乡们的热情，可我"讲客气"的心理占了上风，最终还是没好意思去她家蹭饭，但她为我带来了亲手做的便当。

培训时的时间管理比较宽松。同一批入职的同事们集中到宿舍的房间里，也会举行一些培训心得分享会之类的活动。我们都十分卖力地投入新员工的角色，但总归是初入社会，有时还是会无意间露出身上的学生气。

我有个高中时期的师兄也在 TDK 工作，他比我高两届，言谈得体，能力出众。那段时间，他在秋田。上学时，我们因为顺路总是搭乘同一辆公交车，但只是面熟而已。现在迈入社会又进了同一家公司，彼此倍感亲切，无话不谈。有一次好像是在谈论什么问题，他生气地训我"别老追在女人后面跑"，有时他也把我叫到他的房间让我尝尝虹吸咖啡机做出的美味"啡咖"（咖啡），时不时也给我听听"士爵"（爵士乐）。师兄喜欢故意用这种颠三倒四的、当时很受追捧的说法。

为活跃气氛，我策划了大学时期经常和朋友们一起举行的舞会。舞会海报上的文字醒目又浅显——与你共度东京的美妙之夜。我们将海报贴在羽后平泽车站（现在的仁贺保车站）。舞会地点在公司的讲堂，那天会场播放了同事带来的甲壳虫乐队的唱片，工厂的音乐爱好者们组成的探戈乐队也现场为大家倾情演奏。

除了公司的员工，舞会还吸引了不少当地人。那个年代，在平泽地区，人们的头脑里也没有什么工作服和私服的概念，经常看到有人下班后穿着工装出门。有时也会看到戴着有两条杠的帽子应该是生产主管的人走在路上，不知怎的有些高高在上的样子。过去，工厂和城市融为一体，没有明显的界线。

那次舞会吸引了得有 300 人吧！好像是舞会结束的第二天，公司就联系我们说："这样的活动公司会办的，以后你们就别操心了。"

　　培训时每天都要穿工装，其中裤子的尺寸过于宽松，不太合身。我就把裤子送去缝纫店改了改尺寸，谁知为这事儿又被公司训了，"不能随便乱改公司发的东西"。还有一次，因培训时把衣服弄脏了，下午4点就擅自进了工厂的澡堂，这回是一个像工厂领导的人跑进来，态度很差地冲我们吼道："你们在干什么呢？"

　　那年6月16日，新潟县发生了地震，秋田工厂的设备受损严重。当时我就在工厂里，亲眼看到窗外工厂的水泥地面上，瞬间出现了一条龟裂纹。余震终于过去，吓得缩成一团的女工们赶紧跑出来看看情况，却又被眼前的场景吓得瘫坐在地上起不来。公司决定让女工们先回家，她们坐在大货车的车厢上，分批离开了工厂。

　　公司让我们这些新员工也暂时先回宿舍，我从宿舍二楼的阳台上看到了运送工人回家的场景。一开始看得津津有味，后来我才意识到这可不是闹着玩的，心又悬了起来。很快，公司动员所有的男性员工参与抢修工作，我们也加入其中。

那次抢修的速度足以留名社史。最终，秋田地区6月的销售目标竟然超额完成。秋田县的人啊，韧性十足！后来，不管是碰到"尼克松冲击"还是遇到"原油冲击"，秋田工厂总是能超额完成任务，可谓公司的大功臣。

培训从4月持续到满目翠绿的9月，那是秋田最美丽的时节。冬天可就受罪了，漫天风雪，难辨方向。从培训到退休的五十多年间，我不知又去过秋田多少次。不知不觉间，对我来说，"去秋田"变成了"回秋田"。

玉川事业部直言"我们不要脑子不灵光的人"

从秋田回来后，又在市川（千叶县）的工厂参加了短期培训。1964 年 11 月底，我正式被分配到位于神奈川县川崎市的玉川事业部。玉川事业部规模不大，员工400 人左右，专门生产录音录像用的开盘式磁带。这家工厂在当地被称作——玉川电气。TDK 在那时候还未开始制作盒式磁带。

一开始我负责人事、总务相关的工作。工作中，要接听工厂员工的电话，回答他们"我的假期还剩几天"之类的问题；一听到"停水啦"，我就要立马去解决。

当时我身上依然带着浓浓的学生气，从工作中也感受不到什么乐趣。不过工厂并未因我受到影响，一切正常运转。当上管理人员后，我才意识到自己在最初的工作中就已经理解了，支持一线的"背后的工作"

的重要性。

刚入职的我干劲儿十足：用里外分别涂成红色和白色的木牌记录考勤，取代之前"有形无实"的打卡机；创立公司内部报刊。在力所能及的小事上花了不少工夫。

工厂里有许多刚初中毕业就进厂的女工，她们社会经验匮乏，所以我就建立了"姐妹互助制"，让进厂时间比较久的女工以结成互助小组的方式对她们给予各方面的指导。公司在湘南海岸有供员工夏日度假用的"海之家"设施，进公司第一年我在那里做过舍管，接触到的年轻女工，她们都十分孩子气，不太靠谱。

当时，TDK制作了一种磁带，用于NHK出品的《昭和的记录》的录音集。发展这项业务急需人手，我积极报名参加，那时候我对销售工作十分上心，还跑去九州出差。

我独自一人跑去鹿儿岛和熊本，搭乘当地代理店的员工的车深入路途遥远的山区，把销售那一套做得有板有眼。有一次，我向学校成功推销了100盒磁带，很是得意，还用那时最为便捷的电传机向我当时任职的玉川事业部报告了这个好消息。

可惜高兴得为时过早。后来我才知道，TDK 贩卖的磁带尺寸是 3 英寸，而学校使用的播放机只能使用 2 英寸的磁带。这笔业务最终化作泡影。

玉川事业部举行盂兰盆舞（前排中间是笔者）

在这之前，TDK 就制作了《竹村健一：两周开口说英语》《东京奥运会 NHK 实况录像集》等产品，并投入市场。这一块儿销量不算令人满意，但是也能称得上行业先驱。

我负责人事工作时，曾独自作为领队，把初中刚毕业就进厂的员工，从秋田带到东京。车站里前来送行的父母们，一脸的不放心。我站在木箱上对他们保证：

"请大家放心，我一定会把你们的孩子平安带到东京，而且……会让他们都成为社会的有用之才。"现在想想，公司竟将如此大任派给了我这初出茅庐的愣头青。

从秋田来的年轻人们，还不太适应外面的世界。他们到玉川工厂附近的川崎市区消遣，打车回来时对出租车司机说"到电化"，而司机完全听不懂。东京电气化学工业当时简称为"东电化"，在秋田工厂所在地平泽地区更是简单地说"电化"就能行得通。但是，川崎到底不是平泽，这里大公司大工厂众多，他们没想到直接说"电化"在这里没人知道。

我刚被分到玉川销售部，就遇上东京奥运会之后的 1965 年经济低迷期。到总部参加人事负责人会议时，我听到消息："股票每股快跌到 50 日元以下了，一定要劝家里人买，亲戚也可以动员动员。"我也找父亲借钱买了股票，但也不禁犯嘀咕："公司还能行吗？"还给自己想了后路，实在不行我就回去读研算了。

效仿同行业的先驱者松下电器产业（现在的 Panasonic 公司），1960 年玉川事业部在 TDK 率先导入了事业部制度，开启了独立核算的运营之路。

第一任事业部部长也就是随后担任了公司第四任社长的大岁宽先生。大岁先生后来手把手带我，是我职业生涯中最为重要的恩师。在当时，他的职位对我来说还是高不可攀的。

事业部出现了亏空。大岁先生可能是和素野先生谈话回来吧？素野福次郎先生当时正准备就任第三任社长，已经在全面主持公司总部工作。我隔着玻璃看到大岁先生回到自己的办公室，将一整包资料重重地摔在桌上。

不久后，我调动岗位来到了财会科，有一天，我看到桌上平铺着盈亏报表。那也是我第一次和大岁先生交谈。大岁先生走到我的旁边，问："刚参加工作不久吧？这里面你看得出什么门道吗？"我窘迫极了，只能答："不太清楚。"他指着间接费用说："问题就出在这里。"随后，他让我拿我的人事记录卡给他看，我听到他嘀咕："成绩真不怎么样！"

过了没一会儿，我被叫到了大岁先生的办公室。我正在疑惑是为了什么事，大岁先生不太高兴地说："事业部刚刚成立，不太需要你这样脑子不灵光的人。"然后他又接着说：“但是，也有地方愿意给你这样的人发工资。去总部吧。”其实，就是在告诉我，把我调去总部的财务科。

我在玉川事业部只工作了短短的一年三个月。这次调动是去总部，按说是很好的安排，可我不明白为什么对我一点肯定的语气也没有，而满是嫌弃。他当时那种说法是有什么教育性的用意吗？如今我回想起来，也依然感觉不到。

那次调动以后很久，大概到总部财务科三年后，我和辽子结婚了。她那时候是跟着大岁先生做一些事务性的工作。然而，我们没有邀请大岁先生参加结婚典礼。后来，大岁先生在酒桌上，不太理解地问我：“（明明你们俩都受我关照）我怎么会没出席你的婚礼呢？”自然是因为我那时候讨厌他了。

岩谷先生将棒球基础训练方法融入工作

我从 1966 年 3 月开始在本部财务科工作。从国铁（现在的 JR 线）神田站步行一段距离，在司町十字路口往里拐，一条不临街的路上有一座六层建筑。楼顶上挂着夜间发光的三个大字"东电化"，这座名为金杉大厦的建筑原为日立制作所的大楼，后由我们公司租借，所以这里也被称作日立分馆。

找工作的时候，我最先去的公司是三井物产，当时面试是在它们公司富丽堂皇的大楼进行的，结果不言而喻。接着我就到了 TDK 参加面试，当时看着公司的大楼心想"真够冷清的"，心理落差实在不小。

财务科位于三楼，这一层聚集了本部各个职能部门。而四楼是管理层的办公室。我的直属领导岩谷贞夫课长毕业于学习院大学，大学期间曾加入校棒球队，因此他十分熟悉棒球基础训练——接飞球练习，并将这种方式融入了日常工作。

他让我们大清早上班，7点就开始算盘特训。我心都凉了半截，想着自己好歹也是经济系出身，是在知名学者指导下做经营学方面的"集权与分权"研究，现在却搞什么算盘培训班。

他的棒球精神不只运用于算盘特训，8点开始我们得小组研读厚厚的中小企业诊断师教科书。9点开始正常工作，6点下班后还得去公司附近的学校学成本核算。这还不算完，晚上9点，职场感情联络开始了——打麻将，顺便练习计分。

有时，我还会陪岩谷先生去六本木。我们去的地方该怎么形容呢，就是会在台上跳当时最流行的猴子舞的那种店。这种几乎不眠不休的生活，持续了大概半年，我身上的学生气也无影无踪了。凭着年轻时的那股干劲儿，我变得十分擅长数字计算。后来经常有人夸奖我对数字敏感，也是多亏了这段经历。研读中小企业诊断师教科书，对于理解公司到底是什么，有很大的帮助。

岩谷先生虽说对下属要求严格，可是他又是直来直去的性格，让人恨不起来。现在回头看看，在我的职场生涯中，时不时就会遇到一个与自己性格完全不同的人，能教授一些新的东西，弥补我的不足。

刚到财务科时，工作内容是整理收上来的发票、给人盖章等。第二年，科里新设立了计量管理的岗位，我负责具体工作。计量管理需要分析各部门的财务报表并指出问题。我指出的问题如果切中要害，岩谷先生等领导就会采用，并将其作为研究经营方针时的参考。其实，我前面还有好几位资格更老的同事，对于我来说，这份工作就像在跑一场马拉松，我不断奔跑，超过一个又一个同事。努力都会变成自身能力，这一点，我深以为然。

可能是配合相关研究吧，我接到一个"怪异"的课题，与东京大学的老师一起，使用计算机高级程序设计语言福传（FORTRAN）计算电容器的最佳生产计划。听说他们是与岩谷先生对接的，我不过是回答了来公司调研的老师们各种各样的问题，谁知老师们还将这些内容写成了学术论文并发表，我的名字也被列在其中。

当时公司本部——神田旭町金杉大厦（1962 年）

1969 年，素野先生担任公司第三任社长，他提出新的构想，就是从各部门调出社长直接管理的职员，组成新部门。最开始这个部门叫作社长办公室，过了几年变成了经营策划部。这个部门的成立，大大改变了我的人生轨迹。

当时从日本兴业银行来 TDK 的公司财务总负责人，

也就是岩谷先生的上司神谷克郎先生对我说："我们准备推荐你去。"

听说神谷先生是"日本经济界大神"大名鼎鼎的中山素平的爱徒。神谷先生时任日本兴业银行融资二部次长兼融资二课课长，受邀加入TDK。当时公司外债颇多，是神谷先生重整了TDK的财务状况。简单来说，当时的TDK除了制造产品对外界一无所知，而他就是那个教会TDK社会常识的人。同为东京出身的我与神谷先生意气相投，我常常陪他去应酬，深受关照。

和岩谷贞夫先生合照（左二为岩谷先生、左三为笔者）

关于岩谷先生和神谷先生的话题就到这里，接着前面的话题。有人可能会问，那社长办公室的室长是谁呢？是大岁先生。是的，就是那个说"我们不要脑子不灵光的人"，然后把我赶出了玉川事务部的大岁先生。所以，当神谷先生说要推荐我去社长办公室时，我就回答他："大岁室长肯定会说不会要我的。"果不其然，过了一会儿，神谷先生回来告诉我："他真的这么说了。"

结果是预料之中的，但是亲耳听到时依然心有不甘。我自认为在"魔鬼教练"岩谷先生手下历练了4年，相比从前多少也是有所进步的，所以鼓起勇气直接去找大岁室长："给我一个机会，让我试试看行吗？"听完，他淡淡地回复："行吧，那就给你半年时间。"后来不知道是谁告诉我的，大岁室长曾看过我和东京大学的老师发表的论文，并念叨："在TDK这样的小公司里，竟然还有人的名字出现在了东京大学的论文上啊！"

1968年，TDK在美国发售的盒式磁带销量形势大好，1969年TDK的股票发行价格在日本企业中位列第三。曾经对股票价格是否会跌破50日元的担心早已不复存在，它已经涨到了每股 730 日元。就在公司飞速成长，如日中天之时，我从"岩谷培训班"毕业，转入了"大岁学校"。

1969 年迎来录用高峰

这本书并不一定是按严格的时间顺序展开，我想到哪儿讲到哪儿吧。时间拉回到 1969 年，我在财务科最后的一段日子，那年 TDK 通过社会招聘录用了不少人。此时盒式磁带已经走向世界市场，公司人手稍显不足。当时 TDK 已发展为校招规模能达到 100 人左右的公司了，那年为招入能尽快上手做事的人，在校招的基础上还另外通过社会招聘，录用了 200 人。

当时 TDK 在报纸上的招聘启事有十段话，其中一段是：TDK 废除了能力至上主义。这在社会上博得不少关注。

大大的招聘标题下面写着"TDK 的职场环境：不唯能力和职位，充分展现自我才能"，"TDK 的育人目标：爱家庭也爱职场"等夺人眼球的广告语。

这个广告可能是恰好迎合了那个时代——日本经济飞速发展，人们生活日渐滋润，心中也萌生了要以自我意识为重的念头。听说富士施乐公司著名的广告"褪去铠甲，换上丽服"是在 1970 年才问世的，而我们公司的广告早了一年。现在看来，当时的 TDK 广告语可谓言辞超前了。

对于在财务科手忙脚乱的我来说，就算当时负责人事处或者宣传部门的工作，也肯定想不到这么能拨动人心的内容。正因如此，在前面的序文中我也说过，这并不是一本记录 TDK 公司的书，公司的历史远远比个人看到的深入。

广告效应远超想象，我们公司计划录用 200 人，可是应聘者却有 10 倍之多，达到了 2000 人。

当时，财务科的岩谷先生也参与了招聘相关的工作，并安排我们："你们这些家伙也来搭把手呀。"我也就跟着进入了面试的房间，坐在后面靠墙的位置，有时也发发资料、插几句话。

录用者中有的人已取得注册会计师证书，有的人刚从美国留学回来，英语十分流利。岩谷先生吓唬我们说："你们这群人就要失业了。"岩谷先生安排我们参加招聘工作，可能也是为了给年轻人一点刺激吧。听说有优秀同事加入，我也打起百倍精神、严阵以待。

1969 年 TDK 的社会招聘广告

但后来我发现，无论一个人名头多么响亮，实际接触后也是和我们一样的普通人。当时社会招聘录用的人中，能力出众的没过多久就被委以重任，而不那么出色的就很难有往上走的机会了。

虽然 TDK 言之凿凿在招聘广告中写着"TDK 废除了能力至上主义",但其实公司还在使用更为古老的论资排辈的人事制度,也就是一个员工工作一定年限后升为主任,再过几年才能升为股长。招聘广告虽是那么写,但我认为 TDK 正是以 1969 年的大规模招聘为契机,彻底摒弃了论资排辈制度,开始全面推行能力至上主义。

广告中还写了一条"既没有派系,也没有学阀,TDK 不来这一套"。因公司迅猛发展,人手不足,为保证公司运转也顾不得这种做法是主流还是非主流了。在不讲学阀派系这一点上,TDK 倒是一直以来和广告所说的相符。

"周日大岁特训班"零基础学管理

1970年5月，我被调到了新成立的社长办公室。那年我28岁，是参加工作的第7年。当时社长办公室一共8个人，分别来自技术部门、行政部门等，我在这里面资历最浅。在大岁室长的手下，我努力扮演好公司职员的角色，只要是他交代的工作，我都拿出一股子蛮力拼了命地干。

就这样没过多久，大岁室长问我："你周日也没什么事儿吧？"让我去他家帮忙处理一些工作上的事。

大岁室长的家位于日本知名的高级住宅区田园调布。它是由活跃于昭和时期（1926—1989）的建筑师吉田五十八设计的著名和风建筑，购买者需要夫妇双方参加面试，合格后才能购买。去大岁室长家里让我既高兴又忐忑，周日早上9点我准时到达了豪宅，看到文件资料已经铺满桌面，看来大岁室长一大早就开始工作了。上司周日大清早都在工作，我也不好抱怨什么，说不清是什么缘由，休息日到室长豪宅工作的日子就这样开始了。

我们之间的对话一般都是他问我对某个产品的看法，这类话题实在太多了，关于具体内容我都不记得了。面对不停地追问我意见的大岁室长，我只得绞尽脑汁，想其所想，出谋献计。这其实是大岁室长以要我帮忙为名，对我进行的单独指导，不久后，地点就由他家改到了公司，持续了大约两年。

社长办公室半年的试用期转眼就到了。得益于周日的工作，我和大岁室长的交谈机会增多，从他那里耳濡目染学到的管理基础知识，对于羽翼未满的我来说大有裨益。

大岁室长在谈到制订计划时说过，未达到规定目标当然不行，超额完成也不是好事。因为各部门制订计划时，很容易有目标过低的倾向，如果最终完成量超过目标百分之二十，就说明这个计划制订得过于宽松。总部的任务就是要准确把握一线的情况，制订可行的生产计划。

我还从他那里学到，因中期目标未完成就全盘否定已经制订的各项生产目标慌忙重来也是不允许的。这时应严守质量标准，推迟目标达成日期。大岁室长还有一些话让我耳朵都快听起茧了："公司工作不同于郊游，光高高兴兴、欢歌笑语是不行的，要用数字说话。""不过，有些事情比数字更重要。"这话从大岁室长嘴里说出来，让我觉得挺有意思的。我问他是什么事情，他似乎是说给自己听的一样答道，"内心"。他曾让我帮他买一本新书，书名为《合理主义的光与影》。他拿到后，好像说内容和他预想的不太一样。

那些无法用数据量化的部分，该如何更好地融入经营中呢？我想大岁室长一直在为此苦恼。不记得是什么时候了，我和他一起在国外出差时，他看着外国电视剧，眼泪汪汪。"您看懂演的是什么了吗？"我问道。他盯着屏幕说："笨蛋，瞧你问的蠢话，我是用内心感知。"

兵库县淡路岛出身的大岁室长一直对我"笨蛋、笨蛋"地叫。有时我也会回嘴说："您就不能表扬我一下吗？"他便会训斥说："笨蛋，人都是经不起表扬的。"

他还跟我说过，在他们关西地区，"笨蛋"一词有十种意思。

他各项能力突出，被誉为"销售之神"，在大企业熟人、朋友也很多。同时，在很多方面都经验丰富，游刃有余。他曾说，做事情只要不是为谋私利，这件事本质上又是正确的，为达成目标，过程和方法稍有偏差也没关系。当我摆事实讲道理驳倒他人的主张时，他告诫我："就算是你赢了，也不一定会按你这一套来。"他说理虽是这个理，但有时真理也会伤人心，提醒我和人争论，也要注意言辞。

"你刚刚在留心我的一举一动吧？"他有一次突然说道，"我倒是怪累的。关心别人，就不要让对方察觉，要不留痕迹地去关心。"我们一起公务接待时，在KTV他提点我："闭着眼睛自我陶醉，一口气唱三首，这是不行的。"

大岁室长用人十分细致，考虑得很周全。一次，他特意将亲近的下属的升职时间延迟了半年。关于此事，他说："是金子总会发光，不着急这一两天。如果他当时就上去了，被人说是靠拍马屁上去的，对他本人来说也是损失。"

他给我布置课题时总有严格的时间限制。我不仅会在截止日期前完成任务，还会绞尽脑汁想出新的关联问题和提议交给他。我对这一来一回的交手，乐此不疲。

我升到管理岗后，也曾模仿大岁室长的做法，给任务加上时间限制。这却导致有下属不敢来公司上班了。大岁室长为人爽朗、处事灵活，规章制度在他眼里是活的，可以变通。他善于调动下属，他们无法按时完成工作的，他也会大度地说："原来是这样呀？那再多给你两天时间吧？"正因如此，大岁室长的粉丝众多。

"我们这么办，他们就会这样应对，我们再如此出招，他们一定会这么说。"他经常望着天花板这样自言自语。在开会或者洽谈时，他深谋远虑，总能看到事态发展的下一步、下下一步。他教会我，要尽力想到所有可能出现的隐患。这样的大岁室长也有着让人忍俊不禁的另一面：有一次，他应酬后深夜归家，为了节约第二天早上出门上班的准备时间，就和衣而卧，结果第二天脖子上系着两条领带到公司来了。他十分靠谱，但有时又会犯迷糊。这样的大岁室长，具有独特的人格魅力。

后来，在他担任社长时期，当时的皇太子及皇太子妃曾莅临 TDK 秋田最尖端的电容器工厂。大岁社长准备得万般周全，正当他为皇太子夫妇介绍"这就是最先进的无人工厂"时，恰好碰上工厂负责维护的技术工人。他们没有区分场合，仍按时检修，为此在现场进进出出。皇太子妃美智子便问道："这里不是无人工厂吗？"大岁社长支支吾吾答不上来，这个小插曲很符合他的风格。

退出参评戴明奖

素野社长上任后的第二年，也就是1970年初，那个时候我还在财务科。当时TDK举全公司之力准备参评戴明奖，但这事被素野社长突然叫停了。

当时，对于日本企业来说，戴明奖是产品品质管理方面的权威奖项。在那个年代，如果企业荣获戴明奖，信用度会得到极大提升。但我们公司在准备参评的过程中，在一些与品控无关的方面投入了过多的精力，比如评委到来时如何鞠躬，在为评委做情况介绍时手势的角度等。素野社长对此很不满意，批评道："太形式主义了！"

素野社长做出让公司退出参评戴明奖的决定时，不知为何我也在现场，我记得自己是坐在董事会秘书处的席位上，目睹了这一幕。当时那个房间内其他人对此决定一片哗然，素野社长开口发言："品控是什么？就是做出让顾客满意的产品。也就是说，重点在于我们得培养好每一个员工。"他这番话让其他人都住嘴了，我当时觉得他简直帅呆了。这是我第一次近距离感受到，社长究竟是怎样的存在。

素野社长毕业于神户的商业高中，后入职钟渊纺绩株式会社。后来，TDK第一任社长斋藤宪三先生邀请他一起创业。筹建TDK时，他以一己之力扛下了销售这一大摊业务。

他为人不惧权威，看重事情的本质，追求目标的合理性。素野社长经常挂在嘴边的话是："这么做是为了什么呢？"这句话如今也成了我考虑问题时衡量的标杆，时常出现在我的头脑里。

我刚到社长办公室时，新日本制铁公司（现在的日本制铁）委托TDK开发锅炉的催化剂。TDK开发出了满足客户要求的材料，但问题在于生产这种材料需要用到稀有金属钌，其货源不太稳定。

为此素野社长追问："谁能担得起找不到货源的责任？"并提出要推掉新日本制铁公司的这笔生意。大岁室长受素野社长委托，前往新日本制铁公司道歉。新日本制铁公司的相关负责人十分惊讶，不明白送上门的钱TDK为何不赚。当他们听说是因为担心货源问题而不能接这笔生意时，对TDK的做法心生敬佩。后来他们还提出想邀请大岁先生到他们公司做演讲。

素野先生喜欢读书，担任社长后，每周都会带三四本自己读后深有感触的书到公司，并让我考虑这些书给哪些人读最合适。他的意思是，这些书是在培训新入职员工时让他们学习，还是在学习班上让课长级别的员工读。我的工作不止于此，在大岁室长那里我也没闲着。他经常对我说："××号之前，把这些好好想想。"他们两人都对我发号施令，那时我的日子也挺不好过。大岁室长的口头禅，也是他去世时公司内部报纸追悼版面的标题——抓紧、抓紧。我本是个吃饭时细嚼慢咽的人，就因大岁室长催我："吃饭总能快点吃吧？"不知不觉间，我变成了一个吃饭很快的人。

闲话少提。大岁室长布置的任务一直是高强度、快节奏，所以当素野社长把一堆书交给我时，我也无暇细读，到后来我只扫一眼序言、目录和后记，就草草合上。

"那本书你读了有什么感触吗？"当再面对素野社长的发问时，我只能答得十分表面，他似乎注意到我没有细读。后来，素野社长会将书中重要的部分画上横线再交给我。素野社长高瞻远瞩，从20世纪70年代就在说，"无形资产对于公司才是最重要的"，"要感谢并爱护我们的地球"。而直到最近，大众才意识到这几点，并奉为经营公司的共通理念。

素野社长考虑问题并不是基于系统学习的知识，他从TDK创立初期就进了公司，具有一种特殊的责任感。平常也是一刻不停地在思考公司该如何管理得更加完善，他从各种事情中汲取智慧，坦诚地应对各种问题。日积月累，造就了他那种在任何时代都适用的能洞察一切事物本质的眼光。

一般来说，社长都很怕出席股东大会，但素野社长在这种场合也依然不卑不亢，能够神色淡然地说："情况就是这样，还请各位理解。"素野社长做事一贯一丝不苟，但有一次他竟对我说："你个子小，我演讲时你能藏在讲台下面给我帮帮忙该有多好。"想着这种反差，我忍不住想笑。

我问过素野社长，TDK老是在谈"创造力"，可是发明铁氧体的是东京工业大学，推出盒式磁带的是飞利浦公司，最先生产磁头的是IBM公司，我们TDK哪里具备创造力了？"动动你的脑子吧！潜心钻研制造这些产品所需的技术，并将技术作为商品输出，最终改变世界，这难道不是了不起的创造吗？"我的问题根本问不倒素野社长。

素野社长的爱好是种植玫瑰

事实也的确如素野社长所讲，飞利浦公司发明了盒式磁带，本只能用于会议录音，是 TDK 添加了独自研发的高性能磁性材料后，使之成了播放音乐的工具。1979 年，索尼推出的随身听带动了盒式磁带销量的上涨，而随身听里最常用的就是 TDK 的磁带。

素野先生总是说"没什么好隐瞒的"，然后在房门打开的房间或走廊里谈论公司要事，那声音大得连楼下都能听见。也正因如此，新闻记者都很喜欢他。有人来采访他时，他会在自己觉得有意思的书上签个名，然后送出去。

我问他，在别人写的书上签名，这合适吗？他理直气壮地说："你懂什么？这本书打动了我，签个名又怎么了。"素野先生喜欢玫瑰，他请专家培育了新品种，还给它起了自己的名字，"president · sono（社长 · 素野）"，十分得意。

作为社长代理对决老前辈

20世纪70年代上半期，我三十来岁，是个打杂的小角色，被安排在社长办公室当社长代理。因为公司即便开展了多次社会招聘，也还是人手不足，我的上司大岁先生经常说，"包括我在内，这个公司上下全都是笨蛋"。

那时TDK正处于调整公司结构，以适应社会变化的改革期。将销售科从事业部中独立出来，再根据市场来重新组建也是改革的一环。在当时的社会背景下，日本企业各显神通，使用电子零件的产品，不仅有电视和音响器材，甚至还有汽车、计算器、照相机等，以往的机械控制也变成了电子控制。

当时，公司为敏锐捕捉市场需求，着力提高销售的专业性，并打算让销售刺激制造部门的良性发展。也正是这次大刀阔斧的改革，使得日后TDK在汽车领域蓬勃发展。由于最初"销售只是个写剧本的",所以公司发出了从销售转向制造的"开发申请书"。起初,突如其来的转变给公司带来了很多问题,其中有好有坏,也有很多根本无从下手,但不管怎样,市场的风已经吹向了制造部门。

顺带一提,这个根据市场重新划分的销售体制,是由菰田实先生提出来的,据他说,现在报社和商社里都是这样运作的。菰田实先生是我在社长办公室的上司,他是素野社长特地从日刊工业报社挖来的。菰田实先生的想法总是与众不同,甚至有时会冒出一些出乎意料的话,让大岁室长深受刺激。

这里先不细聊菰田实先生的话题,当时,事业部的规模和一家公司相差无几,这次改革将剥夺其独立性,因此遭到了事业部的强烈反对。

1973 年,在改革计划实施之前,终于轮到我受命去向事业部部长传达总公司的想法。当时那边都是老前辈。他们要是口头恐吓我,说些"我绝不会把售价的决定权交给你们"之类的话,那都算好的了。记得一次在酒桌上,对方不容分说地痛骂:"就是因为你们这群蠢货，公司才会不行的！"而我也不服输地撑了回去。

一次中国台湾出差之旅，让我印象深刻。随着日本经济的高速增长，人们工资普遍提高了，我们的客户企业在海外扩大生产，TDK也建立了亚洲子公司。总部认为国内外的大小公司都应加强联系，为传达总部的意思，我独自迎来了人生中的第一次海外出差。

中国台湾子公司的最高领导小松正一先生，在公司创立初期就加入了公司，虽然当时年纪很小，但历经磨炼，如今温厚而不失魄力。他从秋田的最高领导，被调往中国台湾，受命根据实地情况，对海外第一家子公司进行管理。论资排辈的话，素野社长是第一，他就是第三，对我而言都是高不可攀的存在。按常理，我几乎是不可能和他说得上话的。

我这么一个有些自大的"钦差"到访，对他而言自然不是什么乐事。小松先生的董事长室小而雅致，他笑嘻嘻地招待我，并说道："我会直接和大岁先生联系的，没事儿。"可我是受大岁先生之托才来这里的，于是不断追问："今后，国内外的企业都会……"他突然表情严峻，大喝一声："啰唆！"

过了一会儿，小松先生问道："说起来，你准备在这待多久？"说完不等我回话就让我在这儿多待一天，说着"难得来一趟啊"，还把自己的车借我用，让我去台北故宫博物院、台湾民俗村等地转一转。工作是一码事，慰劳年轻部下是另一码事，一码归一码，这样的人在 TDK 里有很多。

小松先生五十多岁时就逝世了，他生前人缘很好，深受爱戴。秋叶原车站附近有个叫"赤津加"的居酒屋，TDK 的人常常光顾，都快把那儿当成自己的会议室了。有一次，我在那儿碰巧遇到了小松先生手下的员工，他们说："都是因为你跑到台湾去说那些奇怪的话，小松先生才早早去世的。"那语气，也分不清到底是真话还是打趣。

周围的环境如同摇篮一般孕育着我，我不断积累经验，逐渐有点总部策划人的样子了。神田总部的董事楼层里，有一张巨大的椭圆桌摆在社长办公室旁。公司的董事和员工们，闲暇时经常在那里毫无保留地讨论问题，大家直言不讳，坦诚相见。因气氛类似，人们称它为"澡堂"，那大桌子直到现在还摆在公司里。

有一天，我去找素野社长，刚一坐下，他就指着走廊里路过的员工问我："泽部，认识他吗？"我不记得这个人，所以回答"不认识"。素野先生呵斥道："这不是组织结构图里登在第一页的人吗？回去给我记牢了。"

在社长办公室可以接触到许多公司内的信息，员工要有像社长那样看待事物的眼光。比如实施新计划，要找哪个部门的哪个人商量，都事关计划的成败。作为公司核心，必须牢牢记住这些事。

那时候的TDK，像我这样的小跟班也能担任要职。素野社长和大岁室长不论年龄和职务，有时甚至不论部门，只要稍微能派上用场的员工，都会拿来使唤。

在中国台湾地区法人落成仪式上致贺词的小松正一先生（左）

罢工前夜在青山吃烤肉

1970年的冬天，我刚刚到社长办公室工作，因为"伊邪那岐景气"（指1965—1970年，日本经历了长达57个月的高度经济增长）结束后出现的反作用，经济猛地萧条起来。围绕年终奖问题，TDK经历了史上首次，也是唯一一次罢工。

罢工前夜，我和素野社长、大岁室长，还有我在社长办公室的上司菰田先生四人，在青山一家雅致的店里吃着烤肉。

以前，我和一个入职东丽集团的大学同学聊到自己现在在社长办公室工作，每天都要见社长。不料，他立刻反驳道，"你骗人吧，见社长哪有那么容易"。可事实上，我们就像是半个家族企业，不仅每天都能见到素野社长，他还会无缘由地说"偶尔一起去吃个饭吧"，有时还带我去吃烤肉。那天晚上，我告诉素野先生，工会有可能要罢工了，他根本不当回事儿，"看你说的什么话，他们有那个胆子吗"。可是，第二天早晨，我去了趟神田的总部，发现那里已经大门紧闭。公司为了应对罢工，拒绝员工入内。

我打电话给素野先生，他说"呵，胆子不小呀"。但他就说了这么一句，完全没有交代我该怎么做。发起罢工的工人以及遭到罢工的公司，都是第一次经历这种事，双方都不知道该如何收场。我在公司旁边的一家咖啡馆里，受到了人事部部长的指点。他是从札幌啤酒转行过来的，之前经历过罢工。他告诉我，首先我们这边要重新给出条件，双方再进行交涉……

公司发展史里，也把这次罢工描述得有模有样，可我作为一个近距离体验过的人，说真的，确实觉得这件事没什么意义，而且从那以后，工会再也没闹过事了。

我们来说点与以上罢工无关的话吧。素野先生有一套独特的人才观，他经常说自己想录用这样的人，"出生在关西，家里经商，次子，B型血"。

记不清是在什么时候，有一次他又这么说，我就问："您说的这些条件，都是些努力也改变不了的事情啊，这不奇怪吗？"他说："你这是什么话，搞经营讲的是概率啊。"

经营好公司，必须做出成功率高的选择，所以录用人才也讲究概率，理论上的确说得通，不过仔细想了想，"出生在关西，B 型血，家里经商还是次子的人，就是素野社长他本人哪。

素野社长和大岁社长的经营观，各不相同，别具一格。素野社长常说"搞经营是门艺术，利益什么的，只不过是附带品"。而大岁社长常说"办企业是项运动"，他教导我们，"这次打破了马拉松 42.195 公里的新纪录！要是抄近道的话就不算新纪录啦"。

说回素野社长的人才观，一次，有个人和一个部长还有素野社长三人在房间里交谈，突然聊到血型的话题，那个人提出，"是的，我是 B 型血"。

因为我曾被素野社长训斥，叫我要记牢公司组织结构图上第一页的人，所以在那之后，我平日都会留意一下其他人的工牌，再把他们的品性记在心里。而据我所知，那个人是 O 型血。

出了房间，我问他："你不是 O 型血吗？"他双手一合，恳求道："拜托了，今天就当我是 B 型的吧。"

过了一阵，我对素野社长说："我不说是谁，但现在已经有人开始弄虚作假了，那套选才标准还是暂且不说为好吧。"从那之后，素野社长就再也没有说过那套话了。或许对素野社长来说，无论是艺术也好，概率也罢，公平公正，才是经营中最重要的事。

史上首次，也是最后一次罢工（1970 年）

盒式磁带销量大增，公司蓬勃发展。TDK 这家像漫画剧情一样发展的公司，终于也迎来了海外投资者。那时发生了这样一件事。我们接到联络，说中国香港那边来了几位英国投资人，要从神田车站步行过来。我在社长办公室负责公司的整体经营，这件事当然和我有关，所以便去车站迎接他们。

他们若是乘车来，就会在外观上庄严大方的正门口下车，但他们是走路来的，于是我带他们走了路程更短的公司后门，途中穿过狭窄的小巷，还要经过后门旁的停车场。傍晚，住在公司的门卫的妻子，把炭炉端到停车场，开始烤秋刀鱼。我们一帮人先从炭炉旁经过，之后进了公司。

那时候的我太年轻，接待少见的外国投资人时很紧张，甚至担心会不会因此给他们留下不好的印象。其实，烤秋刀鱼的味道，煤烟，以及略感窘迫的心情，都是 TDK 在那时候独有的风景，我至今难以忘怀。

常年敞开的董事办公室

还有件事，也是发生在我三十岁左右。那时，我跟着大岁室长去拜访大阪的松下电器产业，我们看见一位松下的年轻人和一位长者在非常认真地争论着。

大岁室长说道："你看那边。那个正在高谈雄辩的是主任，另一个快被说服的是事业部部长。真不错呀。"

论公司的风气，TDK也不输。董事办公室的大门常年敞开，有员工来时，无论董事们在忙什么，都会停下来，认真听员工说话。因为一旦说了"我现在没空"，以后就再也不会有人来了。

大家轻松地聚集在社长办公室前一个可畅所欲言的被戏称为"澡堂"的空间讨论，如果谁都不说话，还会被责问："你们就只会坐在这里呼吸空气吗？"大岁室长告诫我们："我们总部的策划既不生产又不销售，那多少要提点建议呀。"但他同时也会叮嘱："要对自己说过的话负责。"这其实是告诉我们，多提意见，而想要提得好，就得多学习。

事实上，想在公司的经营会议上提意见，的确是要下功夫的。我们做行政管理的人在这里滔滔不绝的话，不合时宜。观察会议就会发现，当谈话突然停滞不前时，一定会有某个人开始点烟。此时，这个行为好像会传染一般，大家陆续都点上了烟。这个时候就该我们举手发言了。

有一次，我和生产技术的董事发生了争论。这个人名叫增岛胜，他通过生产设备内制化等手段，强化了TDK的工厂，是个天才技术员。但那时，在社长办公室工作的我，比他更了解公司内外的情况。他说："你这做行政的人就别来瞎说了。"于是我询问素野社长，是否能让我阐述意见。"哦，你说说看。"得到素野社长的许可后，我把对方驳倒了。离开时，增岛先生意味深长地笑道："你可别以为会一直有这样的机会。"

之后，我在卢森堡负责欧洲磁带事业时，增岛先生到我这儿出差。他白天在工厂视察，晚上吃饭时，突然说："白天看到的那个地方，我还是放心不下，要再去趟工厂。"便匆匆出门了。他检查、调整生产线，反复钻研，向我展示了一流的工作能力。

社长办公室前的"澡堂"（最右边是素野社长）

有一次我和素野社长、大岁室长去秋田的工厂出差，因航班取消，改乘火车返回。也许是面对面坐着的缘故，为缓解话题中断的气氛，素野社长突然说："你来说下大岁的缺点。"我感觉必须说点什么，就回答道："大岁室长有点软弱。"记得有一次，大岁室长将策划时充分讨论过并敲定的事情，拿去找素野先生批准，可遭到反对，他就轻易放弃了。我时常对此心怀不满，于是大胆地说了出来。大岁室长却大笑道："哈哈哈，软弱啊。"素野社长接话："所以呀，你们可要多帮帮他。"就这样，旅途还在继续。

素野社长之前在销售部摸爬滚打，最终成了社长。当上社长后，他开始阅读曹洞宗的道元禅师之类的书，说什么企业就是道场。因此，就算有些优秀人才被其他公司挖走了，他也会说："没什么大不了的，道场就是培育人才、造福世间的地方。"而大岁室长总笑着说他，"明明以前只知道看娱乐杂志，现在说话却是这副样子"。

在我成为管理者后，下属反映我直言不讳，我会下意识地反驳这一点，可回到家后仔细想想，常常发现他们说得没错。说话直白的我没被炒鱿鱼，现在也能虚心接受部下的意见，这都多亏了TDK优良的公司风气。在公司里，每个人都有各自的职责，大家为了做好分内的事，在相互提意见时，没有职位高低之分。我希望公司能保持这种风气，因此我成了社长后，也经常强调"职责面前，人人平等"。

我能让这个人获得幸福吗？

公司创立初期，大岁先生曾在东京电气化学工业（TDK）待过一阵，之后他离开这里并独自创办了公司，经营工厂作业用的器械。

之后，TDK逐渐扩大产业，并打算在大阪开设事务所。由于人手不足，TDK邀请大岁先生再次加入，于是他就回来了。

不知是因为卖掉了辛苦经营的公司，还是因为在老家有地，他似乎非常有钱，所以才能住在田园调布的日式名宅里。

有一次，合资公司那边派来了两位韩国人，他们说想去银座转转，我就带他们去了。当时我不知道公司会提供经费，所以一路的开销都是向父母借的。大岁先生发现了这件事，从那以后，每当有类似的情况时，他就拿出自己的钱，装进褐色的信封里交给我。

钱的话题先放一边，说件我之后听说的事情。大岁先生在大阪事务所时，给一位女性求职者面试。听说大岁先生在那时所想的是："我能让这个人今后的人生幸福吗？"

这件事让我明白，把员工招来，就要让他们获得幸福。在大岁先生看来，不是公司单方面地招聘员工，而是缘分，让公司和员工聚在了一起。

大岁先生既是 TDK 的创始成员，又是 TDK 后来的社长。当然，素野先生也是如此。在这样的人身上，我感受到了与众不同的责任。现在看来，所谓企业家的责任，就是如何提高企业收益。虽说时代不同，但在我眼里，他们有着诸如——让日本变得富强，让亲人和员工变得幸福，这种更加重大的责任。

素野社长和大岁社长都是十分严厉的人。我从他们身上感受到了这种责任，对他们心生敬畏，所以即便被狠狠批评，也不会心怀不满。

人生在世，谈何容易，自然会被眼前的利益束缚，企业也是如此。而素野社长常说"办企业是门艺术"，以及大岁社长常说"办企业是项运动"，在我看来，这是因为他们有着比其他人更高层次的理想。有的人听从自己的内心，开始经营企业；有的人则把经营看作上级布置的任务。这两种人身上的责任感，想必有天壤之别。

关于大岁先生，还有这么一件事。TDK是研究铁氧体起家的公司，通过技术的运用，TDK将事业拓展到了电容器等行业上。大岁先生在担任社长办公室室长的时候，他就想进一步拓展"电源"事业。因为电源和电容器结合，能够拓宽公司的业务范围。但是，后起的电源部门迟迟发展不起来，一直处于亏损状态。

当时，我们去负责电源业务的成田工厂参加事业讨论会，在回来的车上，他对我说："喂，津贴给他们稍微多发点吧。"亏损状态的部门，按照公司规定来算津贴的话，肯定是很低的。所以大岁先生的意思是，有没有什么办法，能给他们多发点。但是规矩就是规矩，我答道："不行啊，毕竟他们没有完成指标啊。"大岁先生说："越是在亏损部门的人，越会拼命地干活儿呀。"

之后，我为此去了趟人事部，但果不其然，遭到了拒绝："你们社长办公室立下的规矩，难道要自己破坏吗？"重视规矩的大岁先生，自然明白这话的意思，最后，大岁先生好像找了点什么别的理由，给成田工厂的员工多发了些津贴。原本因亏损而沉浸在沮丧中的电源部门员工，变得欣喜若狂。

十分珍惜缘分的大岁宽先生

大岁先生非常珍惜人与人之间的缘分。他当上社长后，记得有一次，我们向中国出口磁带的生产设备，当时中国那边资金不足，但还是想要最先进的设备，因此交涉停滞不前，大岁社长吩咐我："以前遣隋使、遣唐使去中国的时候，也受了不少照顾，只要不亏钱就行，你去和他们好好谈谈。"

素野社长的行事风格较为幽默。银座有一家知名俱乐部，他经常光顾，且和店里一位女性关系很好，那位女性60岁时从店里辞职，于是素野社长雇她来公司茶水间上班。

我作为社长的直属员工，自然也要留意他的绯闻，于是我问他："这样不太好吧，别人会不会怀疑你们的关系？"素野社长毫不在意地说："笨蛋，就是因为我俩没什么我才会雇她来啊，这叫作活用人才。"

那位女性在银座工作多年，待人接物自然是相当厉害。茶水间在白天正常运转，到了晚上则化身小酒吧，在公司里大受欢迎，甚至旁边野村证券的员工，也慕名而来。

总部接下来要设在纽约了

我们的客户中，有家大型家电制造商，随着他们在海外产业的扩大，TDK 也在海外建了工厂，同时，通过能播放音乐的盒式磁带掀起的一股热潮，消费群体遍布了全世界。但是，公司内中小型家族企业的氛围还是没怎么变，在事业方面也是稀里糊涂地就走上了国际化的道路。TDK 并没有追赶时代的潮流，好像常常会在迫不得已的时候才向前走一走，而渐渐地就走到了时代的前端。

有一天，素野社长对我缓缓地开口说："泽部，总部接下来要去纽约了。"我心中感叹：这样啊！公司走向国际化的时代终于到来了。不过他话还没说完，我重新整理思绪后，觉得素野社长的想法跳得有点远啊。素野社长又开口说："泽部，总部接下来要去成田了。"如果总部建在成田机场附近的话，到海外出差会更加便捷。其实，那时候 TDK 已经在成田建了工厂，还留了些空地，我想，也许他这句话是真的。当时公司总部在神田，因此，我就在神田与成田中间的千叶县我孙子市盖了房子。可结果，在 1978 年，总部搬到了日本桥中心地段的十字路口旁。

如今，我已在我孙子市居住多年，附近的池塘也好，田地也好，所有的一切都令我留恋。不过当时，我与这片土地毫不相干，又是迁移祖坟，又是喊来父母的，全家上下一片混乱。

这些事与素野社长无关，他自然也不知情。后来，日本经历了"尼克松冲击"，日元升值的时代来临，素野先生又说："泽部，总部接下来要去船上了。"

TDK 的社训，原本是"以丰富的创造力，回馈世界文化与产业"。素野社长看了后说"文化，那肯定是世界的呀"，就把"世界"一词删去了。这也是发生在他说"总部接下来要去纽约"前后的事。

素野社长不愧是说出"办企业是门艺术"的人，他总能提出一些大胆的构想。20 世纪 70 年代以后，他让当部长的人放下所有工作，去休假一个月。用现在的话叫"学术休假"。

我想，素野先生的目的就是要让他们明白，即使自己不在，公司也会正常运转。

社训的颁布仪式（1967 年）

刚开始休假的那几天，大家会连续打电话来，询问："公司里没事吧，会不会出问题？"但实际上根本无事发生，于是大家就会意识到，自己的离开对公司没什么影响。然后也会开始思考，自己待在公司的意义到底是什么之类的问题。

素野社长认为人事调动要果断干脆。如果没有合适的人，他就会不停地找。如果提拔上来的负责人能力不行，他就会立刻换掉。

以前有人任职一个月就被调走；还有的人，孩子在转校送别会都办完了，结果又被调了回来。负责人事的董事那边实在是看不下去了，也提了点意见，之后便再无这种极端的情况，不过升职降职，那都是家常便饭。

在这里，被降职并不意味着无可救药，反而能得到很多机会。其实，大岁先生在素野社长手下工作的时候，也经历过好多次升职降职，还有一次搞砸了什么事情，甚至在董事里面降了级。

公司正在高速发展，常常会人手不够，我们又必须应对接踵而至的新问题，所以按工龄定职位的制度肯定是行不通的。就连大岁先生这种公司高层的人事任免，自然也是早早引入了能力主义的方式，而不是犯错后永无翻身之日。

不过，受挫后感到沮丧是人之常情。记得有一次我被叫去商量事情，有个项目负责人被素野社长他们批评得体无完肤，落荒而逃，我赶紧追到楼梯口，对他说："虽然他们说话不留情面，但仅仅是针对这一件事，对你其他工作是毫无影响的。"无论失败了多少次，也随时都能满血复活，让他们明白这一点，也是我的职责所在。

让"三个傻大将"为难的穆迪公司

TDK公司引入了钴等元素，独自研发出名为"阿比林（Avilin）"的磁性材料，与之前的产品相比，信息记录的密度大大提高。这种高性能的磁性材料还可以用在录像带上，不过考虑到为时尚早，所以公司决定先向市场投放播放音乐用的盒式磁带。

1975年，SA盒式磁带（Super Avilin）开始发售，它以出类拔萃的音质席卷市场。也是在这个时候，公司业绩大增，不少海外投资人纷纷投来目光。当时，我紧跟着负责财务的董事神谷克郎先生，也借机拜访了许多欧美投资家，获益匪浅。

毋庸置疑，神谷先生属于上流社会人士，他无论是住在中东国王前几天待过的房间，还是坐上美国约翰逊总统坐过的超高级轿车，都泰然自若。而我在三十来岁的时候，能从容地出入高档酒店就谢天谢地了。对于那时的我来说，能够了解到金融市场以及投资人的世界，真是笔巨大的财富。在投资人说明会上，我看到了野村证券的索尼负责人三国阳夫先生。我心想，来了个有趣的人啊。

TDK 采用的是当时还很罕见的、以股票市价发行的增资方式，这曾被多嘴多舌的经济评论家调侃："筹资的时候用市价，发股息的时候又按面值（50 日元），真奇怪。"后来我去拜访了三国先生。三国先生从公司独立后，自己开了家事务所，给企业做财务顾问。于是我问他："有没有什么好的方法，可以不用股息，而是用股价来回馈股东？"

三国先生告诉我，美国有个概念叫 ROE（净资产收益率）。那还是 70 年代后半期的事。我从没听说过ROE，但我做什么事都爱争第一，于是立即把这个概念引入我们的经营目标。

之后，TDK 成为日本首个发行无担保普通公司债的公司，仅凭公司的信用就能贷款，可谓新时代的先驱。不过其中，也有借此停止增资而维持 ROE 的打算。

这些先进的财务运营模式，大多是从三国先生那里学到的。从这时起，我渐渐感受到了用各种各样的方式来推动公司发展的乐趣。

1979年，《日本经济新闻》发布了优秀企业排行榜，TDK排名第二。我感到十分惊讶，我和素野社长说："我们真幸运啊。"他回道："是啊，真幸运。"可没过多久，他又开始说："运气也是实力的一部分啊。"

站在经营者的立场，或许对公司的成长深有体会，但那时的我并不懂这些道理。我心想：这样把我们捧上天，要是大家都松懈下来了怎么办？

这时候我也找三国先生商量过，他建议我说："美国有家证券评级机构（纽约穆迪公司）很好，而且不用通过证券公司那边，你们直接过去就好。"

在纽约穆迪公司的经历，可谓相当狼狈。这边派出的是我、会计部长以及NY事务所长三人。我们的英语都靠不住，谈话时也抓不住重点。我念在同事一场，用稍微好听点的话来描述就是：三个傻大将坐成一排。对方也面露难色："这样下去，我们没法儿给你们评级啊。"对方还在议论，比如"中间那个人什么也不说，光是坐在那儿，就看得出是日本人"，"右边那个人倒是会说英语，但他对业务不熟"，"左边那个人（我）一直说个不停，可听不懂他在说什么"。

评级一事毫无进展，转眼到了休息时间。闲聊时，我碰巧提到了最近流行的小说《将军》，没想到这个话题相互都能听懂不少。气氛渐渐缓和，于是我提议，今晚一起吃个饭如何，对方欣然答应了。我非常高兴，并从 NY 事务所派出会说英语的员工，大家一起度过了愉快的夜晚。第二天，我又带上那个员工，去进行二次面谈。这是因为穆迪公司那边说，和你们三个根本谈不妥，把那个会英语的员工带来。

从公司独立后的三国先生

当时 TDK 的销售利益率和净资产收益率均为 20%，属于高收益企业，但穆迪公司严厉指出：①没有培养人才；②没有国际视野；③经营品类单一，太过依赖盒式磁带；④管理体系薄弱……一共七八个问题。初步评级文件中，写着一个说不上好也说不上差的 A 级。

回去后，我向素野先生汇报，他生气地说："看你花钱都干了些什么，他们又能懂什么？"素野先生虽然嘴上这么说，但他把这几个问题牢牢地记在心里。过了一会儿，素野先生来找我，"泽部，我们就用世界的规则来一决高下吧"。这就是好胜心极强的素野先生。他把穆迪公司指出的问题一一攻破，甚至做出难上加难的指示：我们要在纽约证券交易所上市。

在纽约晴空下的无限感慨

素野先生在成为社长的第二年，也就是1970年，他突然叫停了全公司为之努力的参评戴明奖活动。他就是这样一个不畏权势，而是重视事物本质及合理性的人。在二战结束后，日本正处于最混乱的时刻，素野先生却勇猛地闯进了海军技术研究所，将他们购置通信设备零件的赊款收了回来。

1982年6月，在飞往纽约的飞机上，明明是素野社长自己提出要在纽约证券交易所上市的，他却心神不定。泛美航空体贴地为我们准备了大饭团。素野社长却在头等舱里跟随行的我黑着脸说："做的饭团跟躲避球一样大，在这种国家上市又有什么用。"

6月15日上市当天，纽约晴空万里。要说感想，那是我在TDK这么多年来最为心旷神怡的一天。在

"世界中心"的证券交易所，TDK的旗帜和星条旗迎风飘扬。这时，我的脑海里浮现出秋田的工厂。土里土气的中小企业竟然真的走到了这一步。我们成了全日本第8个在纽约证交所上市的企业。

我们在一个大厅里举办了上市仪式，当时那里聚集了众多业界泰斗，比如有我们用上市时的增资发行了ADR（美国预托证券），担任ADR主要干事的高盛集团怀特海会长，还有掌管上市相关事务的野村证券的田渊节也社长等。和纽约证交所的干部们坐在一起的素野社长，准备起身致辞，他握着发言稿的手却颤抖了起来，尽失豪杰风范。那时的华尔街，就弥漫着如此令人生畏的威严。

此时，不知谁开了几句玩笑，气氛渐渐缓和，交易所的仪式继续举行。田渊先生对我小声说："要是有什么困难，就尽管告诉我。"当时公司的名字还是"东京电气化学工业"，但是在纽约证交所的股票代码用了产品品牌名TDK，看着电子屏幕上播放的"WELCOME TDK"，我激动不已。

仪式结束后，我和素野社长并排从证交所的楼梯上下来。当时心里还是很激动。下楼时，他小声说了句话，令我印象深刻："泽部，我们的责任又变重了啊。"素野社长对能在纽约上市的这份荣誉中，感受到的不是喜悦和自豪，而是责任。

之后，也许是紧绷着的心终于放下来了，他喝酒喝到神志不清的样子，我都不敢写在这里。照顾好素野社长费了我九牛二虎之力，但我心里还是很高兴。

在纽约证券交易所的素野先生（中间）和笔者（左）

回去的飞机上，我提议要更改公司名。"东京电气化学工业"，这个名字取自东京工业大学的电气化学专业。我们公司起家时靠的铁氧体，就是东京工业大学研发的。此前，销售部一直想让公司名和品牌名统一，也向公司提议了几次，山﨑贞一社长（素野社长的上一任）等创始成员们都没有同意，之后改名一事就没了下文。

素野社长也是创始成员之一，这次他回了句："可以啊，你提上去吧。"回国后，董事会一下就通过了改名的提案。我想大概是素野社长提前跟山﨑社长说过了。上市东京证券交易所的企业中，TDK 应该是首个仅用三个字母代表的企业。1983 年，公司正式更名，同时也开始赞助世界田径锦标赛。继纽约上市后，TDK 又在伦敦证券交易所上市。自此，TDK 开始向世界呈上自己的名片。

欢迎 TDK 在纽约上市的展示板（1982 年）

正在被花儿注视着的自己

离开纽约证交所后，我们拜访了几位当地的投资人。在证交所的楼梯上，刚说完"我们的责任又变重了"的素野社长，似乎骨子里还是个穿日式兜裆布的传统日本男儿，不怎么喜欢和外国人开会。因此，他当着国外投资人的面说："喂，和这些家伙谈了也没用，不如早点走了，回去喝点啤酒吧。"

然而，对方不知道是不是听懂了"啤酒"这个词，问道："素野先生刚才说了什么？"我试图蒙混过关："他说今天很高兴能见到各位，想和大家一起喝啤酒庆祝庆祝。"结果对方就拿酒来了。

酒后回到曼哈顿的酒店，大约已经凌晨两点了。那时陪素野社长出差，一般是订有多个房间的套房，客厅在中间，其他房间在两边，大家直接敞开门休息。夜里我突然感觉房里有人，一睁开眼，就看见素野社长坐在我房里的沙发上。他说："你醒了？有酒喝吗？"

我心想刚才不是已经喝了不少，于是起身冷漠地答道："怎么可能有呢？"忽然，我目光一转，发现房里摆着许多金融机构送来祝贺的花束，便脱口而出："这些花真漂亮啊。"素野社长回了句意想不到的话："笨蛋，这些花也一直在看着你啊。"

"被花儿注视着的自己"这句话能让我想到很多事情。之后，它也成了我的座右铭之一。人们常常把自己的问题束之高阁，总是无意间对别人评头论足，实际上，自己又做得怎样呢？正如同自己在看着对方一样，对方也在看着自己。随着职位的升高，我对这句话也越来越有感触，告诫自己要时刻记在心里。素野社长的很多话都是这样，经历得越多，越能领悟到更深一层的含义。"庙前的孩子会念经"，说的就是耳濡目染这个道理，在素野社长和大岁社长身边，我一直是那个"庙前的孩子"。

素野社长很爱喝酒，他喝醉后也经常干许多怪事。

在美国时，也有一次，他语出惊人，让我捏了一把汗。

前面那件事也算一个，他刚说完"这些花也一直在看着你啊"，马上又说："负责财务的董事神谷先生那儿估计有酒，你帮我去问问吧。"

之后，我们离开曼哈顿的酒店，乘飞机前往亚特兰大，打算去看看那里生产录像带的工厂。在工厂的招待所里，工厂干部的夫人们亲手做了日式料理来迎接我们。素野社长又是从白天开始就喝了不少酒，心情很好，他看着这些干部夫人，说了句让人尴尬的话："喂，这些人是'战争新娘'（二战后，与美国士兵结婚而赴美的日本女性）吗？"

厂长答道"这位是我内人"，当作素野社长是开了个玩笑。之后我们在工厂待了一阵儿，准备乘车离开，刚一上车，素野社长又问道："泽部，你说，那些人是'战争新娘'吗？"

晚上，我们住在亚特兰大一家叫欧姆尼的高级酒店。酒店中间是个圆形中庭，样子很独特。同行的神谷先生一行人到街上喝酒去了，我还是和往常一样，留下来陪着素野社长。

我靠在客厅的沙发上休息，迷迷糊糊地听到附近传来素野社长的声音。他在对谁用日语说着："大家都背着我去喝酒。"我起身问他在干什么，他摇摇晃晃地说："刚才让'索尼'的人给我拿点啤酒来。"

纽约上市那天高高挂起的公司旗帜（中间）

可能是他出去把这个人叫进来的吧。我见他旁边站着一位酒店保安，他说："刚才，你老板叫我拿点啤酒来，我可以去拿给他吗？"素野社长估计是看到保安的衣服上写着"security"，也不知道他是怎么把"security"认成"sony"的。

房间外的走廊对着酒店中庭，就像个阳台，从这里掉下去可不只是受点儿伤那么简单。在这种地方摇摇晃晃地向别人要酒喝，光想想那个画面就会让我冒一身冷汗。

求学逸事

　　我在《日本经济新闻》连载"我的履历书"时，于开头部分回忆了我的童年时光。在这里，请允许我再次加入这些内容。我们过去看黑泽明的长胶电影，总会有"中场休息"的时间。大家读到这里就当作中场休息吧。

鼓励了我母亲的龟田玉老师

　　我于 1942 年在东京出生，当时是战争年代，但二战结束时我只有三岁半，所以对此几乎没有什么记忆。我只记得当初住在大塚，躲在家附近的防空洞里时，祖父给了我几颗水晶糖果，我开心极了。我的父亲政直是王子地区地主家庭的长男，母亲登美子是外科私人诊所家庭中排行第四的女儿。父母双方都成长于富足的家庭。

　　我也是家中长男，深受父母、爷爷奶奶和外公外婆的宠爱，甚至从小到大都没有被严厉地呵斥过，所以直至长大身上还带着一些孩子气的喜欢恶作剧的毛病。

　　我家在二战时期遭遇大空袭被烧毁，战争结束后，我从姑姑的婆家去杉并的小学读书，在学校里我总是戳自己座位前面的那位同年级的同学，不能集中精力上课。所以家长通知书上也总是写着"专注力差""字迹不工整"等负面评价。

多亏了五年级时的班主任龟田老师，我在学校的成绩才开始变好。估计是被约了家长谈话之类的，母亲某天满脸喜悦地回到了家，说龟田老师夸赞我："泽部同学性格开朗，总是很有礼貌，是个很好的孩子！"

得知老师对我的评价后，我也十分开心。从此以后我开始认真听讲，五年级后半学期开始担任年级委员会的常任委员。然而在此之前我在班里的评价大概可以这么形容：如果班里有人丢了鞋子，都会下意识地怀疑"是不是泽部同学干的"。所以，现在的我可以说今非昔比了。中学时期，我的成绩也很好，从小学六年级就开始学习的软式网球，如今球技也变得更加熟练。

我想，我这种渴望站在人群中央被关注的性格也是在中学时期开始逐渐显现的。下意识地想与别人一较高下的性格直至今日也一点没变。我此后的职业生涯以及担任经营者时的判断决策也深受这一性格的影响。

龟田老师在战争中失去了丈夫，一直都是独自一人抚养独生女。作为整个年级里唯一一位女教师，在孩子们眼中她是一位大个头、内心强大的人，能与男教师们不相上下地交手争论。之后我才意识到，其实正是龟田老师鼓励了我的母亲。

那个时候，我的父亲因罹患肺结核而住院治疗，当时这是很严重的疾病。老师没有直接跟我说，而是跟母亲说，这也算是用心良苦吧。因为我在学习上不算优秀，所以她跟母亲说我很有礼貌、很开朗之类的，大概无论如何都要找出点儿我的优点，再借机传达给母亲，从而给予母亲鼓励。

龟田玉老师和学生们（前排中间为笔者）

命运就是这样不可思议的东西。回顾从前，本以为是一条路走到底的人生，却因为遇到了各种各样的人，经过了无数分岔路口才走到现在。假如龟田老师不了解失去丈夫的痛苦，假如5年级时她没有成为我的班主任，假如父亲没有患上肺结核，我的人生大概会走上与现在截然不同的道路。

　　成年之后向同级的同学问起对我的印象时，得到的都是这样两个回答，"总是穿着木屐"，"总是备受老师关照"。穿木屐是因为我个子不高，这还勉强能说得过去，但是我并不认为备受老师关照是什么好事。因此，在同学聚会时我总会解释道："才没有那样的事情。"并且不往围着龟田老师的那个圈子里凑，只在离开的时候向她敬杯酒。

　　龟田老师总是平等地对待每一名学生。她去世后被葬在群马，曾经有人提议去给龟田老师扫墓，但是最终也没能去成。难道我们就以这种态度来对待儿童时代的恩人吗？

这孩子不是那块料

到了小学高年级，我的学习成绩逐渐有了起色，所以母亲想让我将来成为一名医生。外公外婆是私人医生，但外公外婆那边的孩子们中，姐妹四人从长女到三女，无一人想让其孩子成为医生，能够指望的唯有身为四女的我的母亲的孩子，所以我成了能够继承外公家从医的唯一希望。

在我很小的时候，每次和外公一同泡澡时，他总会教我病历本上的德语。现在想想，在我孩童时期，家人就有意无意地在给我灌输长大当医生的意识。在参加日吉的庆应义塾高中入学考试时，母亲为我规划的未来的人生道路是进入庆应义塾大学医学院读书，为此请了庆应"贵公子"（译者注：在日本，早稻田 的男学生较为朴素，从地方来的较多，与之相比，庆应的男学生来自大城市的较多，普遍家境好，更洋气）给我当家教。母亲还给我买了庆应义塾大学的圆帽子，我傻乎乎地戴着这顶帽子在附近溜达。

但是，我后来考试落榜了。这对当时的我来说无疑是巨大的打击。明明模拟考试时成绩不错，所以我完全没想到自己会落榜。我开始怀疑自己学习的方向是不是从根本上就是错误的，觉得自己参加其他高中的考试也肯定会落榜。

我感到非常对不起母亲，从小学低年级开始每当我搞无聊的恶作剧惹出事的时候，总是忠厚温良的母亲去学校道歉替我收场。中学时的老师曾对我说："你母亲很不容易呀。"母亲还盼望我能当她的接班人，这样一想我更加失望了。

除了庆应义塾高中，我还参加了早稻田大学附属高中和都立高中的考试，但是都没有心情去看放榜的结果。早稻田大学附属高中发布成绩的那天，我已记不清自己干了什么，只记得和朋友散步时，偶然发现道路对面的父亲冲着我用肢体动作摆了个圆形。

父亲是都厅的职员，毕业于早稻田大学商学部，像钟表一般每天定点从家中出发，按时回到家。罹患肺结核后升迁无望，甚至偶尔还和朋友一同招几个艺伎陪酒玩乐，显得很丧气。可能由于父亲的这种性格，所以他总是远远观望我未来的发展道路，只是淡淡地看着，唯独这一刻他才展现出开心的样子。

最终，我考上了早稻田大学附属高中和都立高中。母亲不忍让我放弃学医的计划，建议我从都立高中开始备考东京大学医学院。对此，父亲表示："这孩子不是那块料呀。"他劝阻了让我学医的计划，于是我最终选择去早稻田大学附属高中就读。

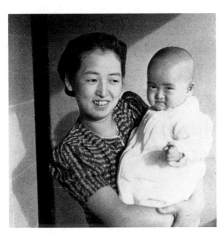

和母亲在一起（怀中抱着的是笔者）

父亲应该也是希望我能去他的母校读书的，但同时他也充分了解我的特点，为我做出了抉择。

对我的教育，父亲并不会事事过问。可能是他学生时代做过游泳运动员，是运动健将的原因，父亲只是叮嘱过我一个简单的道理：做人做事不能偷奸耍滑。但在我人生的每一个关键节点，他总能说出自己明确的意见，给我指明方向。父亲和母亲在我入职TDK一段时间后，便在千叶县的我孙子市建了房子与我一同居住。

父亲一直活到了99岁。在我担任社长时期，每当有夸赞TDK业绩恢复的报道刊登出来时，他总说："最近的《日本经济新闻》又开始为TDK说好话了。"

母亲则活到了96岁。有天晚上，我回家时发现一辆采访车停在暗处，应该是有记者不打招呼就来家里做了采访。进门后我问母亲："有谁来过吗？""哎呀，记者让我不要说他们来过呢！"母亲答道。老实正直的父母是怎么生出这么机敏的我的呢？我总是感到非常不可思议。

高中时期的两位朋友成为一生的朋友

在早稻田大学附属高中的生活十分快乐。因为是直升大学的高中，所以不用为了应付考试而拼命学习，也不点名，我觉得这样自由轻松的学校氛围十分适合我。只不过，每 500 人中大概有 50 人会留级，连续两年留级便会被退学，所以也需要自律。一年级的第一学期有 3 门课我都不及格，成绩单寄到家里的那天，家里笼罩着沉重的气氛。

一直以来，家人都希望我在大学学理工专业，以便将来就业。谁料高二第一学期结束后，母亲有天笑着说："今天我可丢脸丢到家了。"原来，因为我理科成绩不理想，老师找她谈话："学文还是学理，建议家长还是和孩子好好沟通一下吧！"多年来，母亲一直期望我长大后成为一名医生，眼下，她一筹莫展，只得作罢。

就这样，我选了文科，这才有了后话——考大学考进了早稻田大学，并选择了政治经济学院经济学专业。

我在高中时代整日忙于参加软式网球的社团活动。小学六年级的时候，父亲在东京站的圆楼地下商场中给我买了一副球拍，之后我一直到中学都在练习软式网球。所以，到了高中一年级时，已经比高中二年级的学生还要厉害。那时的我已经不长个儿了，总感觉对面的球好像是从天花板上发过来一般，所以只能通过锻炼肌肉，付出比常人更多的努力。高中二年级时由于在个人赛中胜出，我被选为东京都的代表。

高中时期收获的两位挚友，对我来说是莫大的财富。在学风开明自由的早稻田大学附属高中，有的同学研究荷马叙事诗，有的同学探究哲学命题，而我们几个当时属于运动男孩。说不上有什么特别的契机，手球部的鹰羽幸熊和陆上曲棍球部的山田洋一成了我无话不谈的好朋友。

放学后的练习结束后，我们曾在活动室一起认真地讨论部门的运营状况，评价某前辈说的观点是有问题的等有些无聊的话题，也曾在彼此的家中集合谈天说地，山田在上学时期就取得了驾照，他开车带我们一起去武藏野附近兜风。

　　那两位朋友在中学阶段成绩似乎都不错，但是在高中阶段成绩欠佳，属于用人格魅力来吸引他人。我想不起来我们之间有什么特别的逸事，但是那时我们像约定好了一般，整日聊天、玩耍。

　　我们的友情延续到了大学，之后也伴随着我们走出校门，踏入社会。在他们面前，我毫无顾忌，总是畅所欲言。他们二人给出的建议，也总能将我内心的阴霾一

山田洋一（左）和鹰羽幸雄（右）和笔者

扫而光。他们都是那种极具正义感，并非常在意事情合理性的人。因此，即使听起来有点夸大其词，我还是想说，与他们交往的点滴，决定了我这一生日常处世的态度。

山田和鹰羽都在企业中就职，而且都因为和上司起了冲突而辞职。两人都是发现了问题没法憋在心里不说的人，我虽然没有他们那么耿直但也差不多，如果 TDK 不是一家大方宽厚的公司，恐怕我也被扫地出门了。后来，能对他人的痛苦感同身受的山田，成了一名法院的调停委员；鹰田受人之邀定居于日本南部的北九州市，作为当地企业的顾问，深受大家信赖。

鹰羽有时会在电话中激励我："要好好的呀。"山田在我卸任社长的时候说："有些东西我已经不要了，都给你吧。"然后给我寄过来一份剪报，里面是一些报道了我的新闻以及杂志的文章。在我卸任会长时，他也出席了，还对我的秘书说："一直以来我都很感谢泽部。"听到他这么说，我的秘书也很意外。

随着年龄的增长，已经阴阳两隔的朋友、熟人越来越多，我也不得不学会与这种失去友人的落寞感共处。但我很难想象没有他们二位的人生该是什么样子。

第二章 笨鸟先飞

黄金时代的终结和最初的长期计划

TDK 于 1982 年在纽约证券交易所上市时销售额每年增长 20%，也是销售利率超过 20% 的优秀企业。高音质的盒式磁带打造的品牌力量对于录像带的销售也起到了促进作用。在 TDK 的黄金时代，磁带的销售额曾经一度占到总销售额的一半还多。

只不过高利润的录像带业务，吸引了更多人加入进来分夺蛋糕，使录像带市场在早期就出现了价格跳水的现象。这也导致公司的发展不太安稳。

成为社长办公室的策划科长后，我认为需要以长远的目光重新规划公司未来，并应在年度或者中期的事业计划中展现出来。于是我向 1983 年就任社长的大岁先生提议制订长期计划。而在此之前，TDK 从未做过长期计划，都是由为期三年的中期计划粗略地支撑着公司的运行。当我问道："向日立、松下或者 IBM 请教一下怎么样？"时任社长大岁先生的反对令我大吃一惊。

社长办公室的团建
（中间是大岁先生，右数第 3 个是笔者）

我本以为面对这种问题，以大岁先生的性格，他至少会回答"啊，可以去问问看"之类的。因为平时他就总念叨公司应该从零部件制造商转型，为什么现在却会反对呢？我直到现在也没能想明白。我想大岁社长的意思应该是：现在公司发展也面临重重挑战，你们与其说这些不着边际的话浪费时间，不如脚踏实地好好做一下未来的发展规划。

但是，当时的我还很年轻，所以听到社长这么说，我反而更想反其道而行之，变得干劲儿满满。有几个同事也支持我的想法，我们决定先自己试着做做看。每天的日常工作结束后，晚上8点，我们几个就集合起来，探讨制定长期计划。

这段时期经常来采访的新闻记者，之后在回顾40岁左右的我时评价道："像是一个啥都管的全能选手，一位就连社长也不放在眼里的综合课长。"这一评价确实精当。TDK虽然已经在纽约上市，从外部观察似乎很强大，但是内部其实还只是一家中小型企业，快速发展的过程中难免出现人手不足的情况。我在社长办公室待了10年之久，不知不觉间就变成了全能型选手。

还有一次，因关系到公司能不能在筑波科学万国博览会参展，我推翻了策划公司为我们做的毫无特色的方案，给他们拿出了最优的策划案。我还混在其他公司的高层中，参加了收购美国企业的竞拍会。为了不被小看，我还拍着西服的内袋，故弄玄虚地说道："我有最高层的委托书呢。"甚至还因此享受到了乘坐商务喷气式飞机的待遇。我认为对于一个企业，多样性是很必要的，虽然从结果来看没有多大效果。策划部门曾录用过瑞典人、英国人、荷兰人和中国台湾人。那个时候几乎没有像 TDK 这样具有多样性的企业。

从策划主任到课长的那段时光是我在 TDK 最快乐的时期，如果可以的话甚至想重新回到公司，再经历一次，即使不发工资也无妨。这是我的真心话。那时候我不管什么事情都可以去挑战，而且因为不是社长，自然也不必承担责任。

1984 年春，公司的长期计划终于问世，现在想想也不是什么大不了的事情。虽然此前的先行目标不可行，但是单就此前的先行目标的发展来看，还是定下了使 3500 亿日元的销售额在 6 年后的 1990 年增加至 1 万亿日元的目标。但是 TDK 的销售额真正达到 1 万亿日元其实是在预计的 1990 年的 25 年后，也就是 2015 年。

当时这个计划有个名号叫"Trillion 90"，也有人提议："只用 Trillion 怎么样？"但直到公司里每个人嘴里都念叨着"Trillion"之后，我才知道这个单词是什么意思。大家普遍过分关注 1 万亿日元这个数字，在谈论公司未来方向时，就显得不够深入，仅仅是点到即止。

不过，此前的先行目标无法顺利实现时，需要事业部进行构思转换，这时候是很辛苦的。但我认为率先推出总部的计划无疑是正确的做法。形势困难的时候才更应从长远发展来考虑。

那个时候，周刊杂志《十年后的社长》特辑上竟然刊登了我的名字，素野会长本来笑呵呵地说："稀奇得很哪，先买一本来看看。"可公司的股东听说这事的时候，嬉皮笑脸地揶揄："总说着培养人才，怎么光是些名不见经传的家伙。"听了这话，他一脸愁云。大岁先生也担心地说："这下你在总公司很难混了呀！"

那时的 TDK 也开始制造电脑硬盘数据读取用的磁带，上级曾说要将我派到那个部门，但是我还是想调入经营形势严峻的磁带事业部，我信心满满地说完"我要使磁带事业部的业绩重新冲回 100 亿日元！"便动身了。

调动之后，素野会长经常来戏谑我："喂！到底什么时候能将业绩冲回 100 亿日元哪？"

辛苦的磁带事业部

1985年10月我被调到磁带事业部，并成为事业部的策划部长。当时我43岁，回顾一下过去，发现自己四十多岁时做的事情，全部与磁带相关。磁带事业部也是我进入公司之后最开始被分配到的部门，之所以想要调到这里，还有一部分原因也是想在自己奋斗过的老地方继续努力。

但是，在当时的事业部看来，曾在两任社长的手下负责经营策划工作15年之久的我就像是一个来刺探内部消息的"大内密探"。听到别人向人事部部长问："该怎么安排他才好呢？"我就大概感知到了这种微妙的气氛。磁带事业部像对待客人一般对待我，从来不让我接触到工作相关的核心信息。

可能在别人看来会觉得我是借社长的面子才有此待

遇，但是这也正是最令我在意的，我曾一度十分苦闷。每次当我被问道："社长是怎么说的呀？"我就反驳说："不是看上面怎么指示的，而是应该通过现场的情况进行判断。"在发泄着内心的真实想法的同时，事业部也终于开始有人为我发声："可以信任他。"此时我的工作才得以开展下去。虽说是调动了工作岗位，但其实只是从总部的 8 楼搬到了 6 楼，职位还是策划部长，所以工作内容是相似的。

不久后，我在社长办公室着手进行在调动岗位前就计划好的组织改革。将磁带事业部分为制造和销售两个事业部，盈亏管理也各自不同。制造部为黑字，而销售部是赤字，合在一起还是赤字。因为仅从外表上看是黑字的话，会使危机感变弱；再者，为了刺激对消费者市场不敏感的制造部门，通过与销售合体也不失为一计良策。

我想到一个小插曲。那年我们几个人出差去位于长野县千曲川地区的磁带工厂开会，有一天晚上，我们在走廊上边走边大声说话。其间谈到人事问题，有人问："生产部门的领导，在部门改革后安排到哪里？"我就说：

当个事业总部的副部长不挺好吗？正在此时，更衣室的门后传来声音，不慌不忙地问："我现在能出去了吗？"从门后走出的，正是当时生产部门的一把手。

他的去向由我这样的年轻后生安排，想必他的心里也不怎么舒服。但之后我正式去和他商量调动事宜时，

TDK 在纽约的广告

他只说了一句："这样挺好。"他这种态度到底是出于高层的责任感，还是个人性格所致呢？不得而知。后来，我担任公司社长，在第一次主持股东大会时，我看到这位在公司改革时不计个人利益的老领导，作为一名还在为公司奋斗的任内股东，坐在会场最前排，默默地守护着一切。这一幕让我有一种说不出的踏实。

公司经历了组织架构改革后，开始重视市场营销这一块，那一时期我穿梭往来于各个店铺，做调研、听取意见，有很多收获。

在总部时，我担任的工作，就像一把扇子的扇钉一样重要，在公司上上下下里里外外张罗着。有时出去拜访投资者，也会坐在对方公司富丽堂皇的接待室谈工作。但是我深入销售一线后，时常要和在货架前陈列商品的工作人员站着沟通，有时一些人看到我的工作状态也会意味深长地感叹道："您竟然是部长啊？"一旦深入到下面小城市的店铺，那环境就更别提了。坐在他们凌乱的办公室，对接的同事用茶杯当酒杯，我们就围着办公室的桌子边喝酒边听他们讲着掏心窝子的话。

后来，我一路当上社长，再回头去看，不免感慨：

自己如果没有那段下基层的经历，不清楚一线工作的艰辛和实情，只是坐在本部办公桌前"挥斥方遒"的话，这辈子也只能做一个看不清事物全貌、迷迷糊糊的人吧！

最初被分配到事业部的时候，我也经常要处理各种投诉，比如总务处下水道不通等问题，学习应对这些生产、销售背后的工作。这些经历以及之后 40 多岁的时候在销售网点调研的经历都是我深感怀念并深深感激的。与磁带事业部邂逅大抵就是这样，虽然有时会有挫败感，但是成了我人生的一剂良药。

收购电池公司

虽说向素野会长夸下海口说："我会把部门的业绩重新拉回到100亿日元给你们看！"但投身于磁带事业部后，我发现受录像带的价格下跌与日元升值的影响，项目经营上持续赤字。这时候我领悟到光靠磁带业务，公司是难以生存的，于是开始积极地试错，试图通过新产品打开另一条活路。具体包括还在开发阶段的光磁盘、美式静电复印机，甚至还试图与电信公司进行合作。认识到单靠储存媒体发展业务还是有极限的我们，考虑拉个搭档来拓宽公司的可能性。

但是一开始在对有关静电复印机大致交换意见的时候，技术部的部下就悄悄对我说："不可以，光技术的另一面才是有发展的。"这样的话，在对方看来与TDK合作几乎没有优势。所以之后我又试着了解了一下意大利的奥利维蒂（Olivetti）的产品，结果仍是事与愿违。

希望总是在意想不到的地方出现。在美国耶鲁大学攻读工商管理硕士（MBA）的神鸟和他独具才能的部下于 1988 年初突然提出："电池不也是个好方向吗？去美国看看怎么样？"据说当时公司有意要收购全球市场份额最大的一家美国干电池制造商。

干电池和一次性购买、终身使用的机器不一样，它和磁带很相似，是消耗品，所以利润高。况且公司原本的盒式磁带打造起来的品牌说不定也能发挥一定作用。虽然干电池对于 TDK 来说还是不甚了解的产品，但被这么一说，我觉得这是一个让人耳目一新且很有发展前景的项目。

问题在于前年从大岁社长手中接过社长一职的佐藤博社长。佐藤是一个保守派，不愿承担风险，所以总能预感到如果不提升成功可能性的话，这个方案一旦深入沟通肯定会被驳回。

因此神鸟只身飞往美国去考察。其间有一家证券公司介入，据说给出了高达 1600 亿日元的收购价格。虽说是很大一笔钱，如果以对方的资产为担保进行借款的话，只需准备 600 亿日元左右的资金就可以了。

这不就成了吗？！我正在高兴呢，这事儿却被佐藤社长知道了。一位同事急忙过来叫我："佐藤社长大发雷霆。"我过去向社长解释："现在我们正在全力解决问题，还未向您说明……"他却丝毫不给我讨价还价的余地："和这些没关系，我说了不做就是不做！""立马把神鸟给我叫回来，别再叽叽歪歪的！"我除了回复"知道了"，别无他法。

那家公司之后被一家美国企业以数倍的价格收购了，我当时觉得很可惜。通过从日本企业采购电池，再以 TDK 的品牌"SA"的包装出售，我们在芬兰市场的占有率也曾居于首位。但是主业经营不善的磁带事业部再引入新产品的话，能否顺利营销呢？比起疑惑收购和不收购到底哪个是正确的选择，不如说现在仅剩的是没有按照规定办理手续的不甘心。

佐藤社长虽然向来信奉"小心驶得万年船"的理念，但经过慎重考虑，决定以上百亿日元的价格收购一家半导体公司。那家公司利润也由此上涨。之后为了筹措下次战略领域的投资资金，佐藤社长又毫不犹豫地将那家公司卖掉。作为经营者，佐藤社长在做任何决策时一定时刻在深思熟虑应该做什么、不应该做什么。早知如此，当初我不如不要什么小聪明，一开始就与佐藤社长沟通好了。

不过当时也是由于不明白这些道理，所以在不久后提出的卢森堡磁带工厂建设的议题中，跟佐藤先生的争论令我厌烦，在社长办公室准备的方案中，通过了音乐用盒式磁带和录像带两条线同时启动的计划。佐藤社长决定先单线进行，定下计划后立刻说："就你去了！"于是，我被调去卢森堡磁带工厂的事情就这么突然确定了下来。

被调去往卢森堡时的壮行会
（中间是大岁先生，右侧是笔者）

总喊着"关灯关灯！"的佐藤社长

佐藤先生毕业于日本大学的工业部，听说是素野社长在公司附近的居酒屋慧眼识珠，邀请他加入了 TDK。就这样他从入职起做了 20 多年的管理人员，最终升任社长。

佐藤先生作为一名技术人员，坚守"生产商的使命是生产品质高、性能优良的产品"的理念，他指出"良好的品质管理正是实现以上理念的先决条件"。佐藤先生还曾经在一家与美国仙童半导体合资的企业担任过社长。仙童送来的产品有不合格品的时候，竟然只是云淡风轻地说："那么我们稍后重新送来新的产品。"而佐藤社长对于品质管理的把控一贯十分严格，所以对方这样的态度使佐藤社长勃然大怒，甚至打算退出合资企业。

在我担任磁带事业策划部长时期，一次去长野的磁带工厂参加事业研讨会，曾与当时担任制造常务的佐藤先生一同过夜。

佐藤先生开车带我一起从住宿的地方去参观工厂时，他充满讽刺意味地说道："这一定是一个很赚钱的公司吧，开着这么多灯！"

时年44岁担任常务董事的佐藤博先生

确实如此，业绩明明不算理想，却整栋大楼灯火通明，这确实让人反感。后来，工厂中一位名叫孤田的老股东解释道："工厂现在经营状况岌岌可危，开着灯至少显得有点生机，这花不了多少钱的。"我觉得这两个人说的都有一定道理，一时间左右为难。但"关灯"已经成了在酒席等场合中提到佐藤先生必说的话题。

之后，我担任社长的时候，注意到有时候楼层中四处亮着灯，有时候则会变得一片漆黑。那时作为专家顾问的佐藤先生是技术人员，所以平日里一直在千叶县市川市的技术中心，只是偶尔会来总部。而当他来总部的时候，秘书会很有眼色地把灯都关掉。因此公司有的时候灯火通明，有的时候一片漆黑。

虽说听着像是玩笑话，但是佐藤先生是社长，掌握着公司的经营方向，20世纪90年代是日本经济的一个转折，绝对不是一个轻松的时代，只要本着负责任的态度就任社长，其实不管是谁都会像佐藤先生那样做的。

虽说纠结关灯这样的小事确实是性格使然，但是正像大岁先生所说的那样："哪怕是1日元也绝对不能随便乱花！"我认为这也正是佐藤先生负责任的表现。

前往卢森堡

既没有机动车驾驶证，也不会自己做饭、洗衣，没有正式的经营经验和制造经验，也从未在国外生活过。我就这样毫无准备地被派往卢森堡，在新设网点担任欧洲地区最高法人。个中辛酸只有我自己能懂。我的这一经历，虽然与日本昭和时期的男歌手吉几三先生演唱的《我们要去东京了》这首歌的主题不甚相同，但这首歌当时不断在我的头脑中单曲循环。

将近 50 岁的时候，我在驾校发奋学习考下了驾驶证，1991 年春天独自到卢森堡赴任。最初住的公寓的洗衣室在地下，当时我正因不知如何操作犯愁。同住在那栋公寓的、唯一一家日本人家庭的太太帮了我，教会了我如何使用洗衣机，她的先生是位银行职员。之后，对我说："不用客气，有不懂的随时来问。"我最开始还以为公寓能配备人员帮我洗衣服呢，在工作以外，我称得上是毫无生活能力的"菜鸟"了。

社长佐藤先生最初坚持一条线推进的保守想法，但是最终决定音乐用盒式磁带和录像带这两条线同时启动。因为他认为这样更加有利可图。

到卢森堡后第二年的圣诞聚会（中间是笔者）

公司本来计划在日本进行精密的测试后再将产品线引入当地，但在录像带的这条线上发生了产品试行错误的情况。最终还是决定以一条线起步。

因最初投产时是计划两条线并行的，这样一来，工厂出现了巨大的财政赤字。我听说佐藤社长在日本国内说了"要炒掉我"之类的话，只不过他的原话，言辞更为激烈。在高层会议闲聊的时候，还有人说："恐怕泽部会自杀吧！"公司第二任社长山崎贞一先生（当时担任公司顾问）为人宽厚，他旅行经过卢森堡，温和地鼓励我："没关系，一切都会好起来的，别着急。"

　　"天高皇帝远"，当时的我远离东京总部，并没有切身感受到公司内部紧张的气氛。面对这一局面，我意外地没有特别焦虑，只是内心想着"总会好起来的"，所以听到上述传闻时有些惊讶。虽说没有每天焦头烂额，但我也为了力挽狂澜而拼尽全力。

　　在卢森堡工作的第一年，一个雪下得很深的冬夜，我结束工作后想方设法地到停车场找到了车，其间无意看到了一栋建筑中的灯还亮着，我当时脑子里浮现出的想法是必须返回去把灯关掉。此时我突然反应过来，这时的我一定非常像佐藤先生，于是不禁苦笑了起来。

　　由于经营赤字，当地员工工作的热情也受到了影响。第一年的圣诞聚会使我感到十分对不起大家。我自然明白圣诞节是一年中最盛大的节日，但是确实经济状况吃紧。于是，借了最近的仓库充当场地，也没有任何装饰，大家吃了公司食堂制作的堆积如山的三明治，喝着从城市的工厂分来的啤酒，听着元老级的员工弹奏吉他和手风琴。而工厂中的女职工穿着工作服就来参加宴会，表示她们无声的抗议。我对此感到十分抱歉，无地自容。

为什么录像带产品线会出现运行异常呢？我到现在也没能明白。我怀疑是缘于隔壁的玻璃工厂中飞过来的粉末，但似乎也不是。在不断运行反复错误的这段时间，公司偶然试着将从当地进货的原材料换成从日本进货的原材料，运行错误就被修复了。之后将原材料再换成当地产的，也没有出现运行错误，这真是谜一样的问题。

工厂在第二年就扭亏为盈，由于苏联解体，欧洲市场也逐渐开放，这段时期公司获利增长。在俄罗斯，录像带属于高级物品，所以十分畅销。虽然对俄罗斯出口的业务一向由东京的总部负责，但是欧洲事业部在地理位置上距离更近，所以由欧洲事业部负责可能会更好。

因此，最后就由我们这边负责，每周周末负责销售的同事都会往返莫斯科，很快就把销售额拉了上来。

交易就在大广场上进行，相当于是露天集市，那里汇集了来自哈萨克斯坦、吉尔吉斯斯坦以及俄罗斯的卡车。只不过，跨越波兰国界的陆上运输线，有时会遭遇持莫辛－甘纳步枪打劫的黑恶势力，他们不放过任何一辆过路的卡车。曾经有位与我们关系不错的、年轻的代理店社长被杀。这在当时引起轩然大波，所以之后运输路线改为途经芬兰。

调到卢森堡后，我在第一年回日本时，佐藤社长没什么好脸色，挖苦我说："你是怎么来的，坐飞机？买机票花了不少钱吧？"第二年佐藤社长俨然变了一个人，说道："大家都还好吗？代我转告他们要注意保重身体啊！"

到卢森堡的第二年，我们举行了一场盛大的圣诞节聚会，男男女女都身着盛装喜笑颜开地出席聚会。之后公司还分配给我一栋大房子，于是我妻子也来到这里定居。

为在欧洲证券市场上市出谋划策

1992 年，在卢森堡的第二年，公司财政刚从赤字变为黑字，佐藤社长便吵嚷着要分红。因为此时日元汇率上涨，日本国内的企业经营困难。TDK 也在次年（1993年）暂停了扩大收益的长期计划，紧急推进缩小均衡。

但是让海外法人和事业部发挥作用的社长办公室时代已成为过去，站在被管理的立场上我是十分反对的。我想将赚来的这些钱通过自己的决策来使用，所以在欧洲证券交易所上市、提高企业自主性是一计良策。

在与当地的熟人讨论应如何推进时，遭到了擅长企业管理的美国大企业领导的指责。因为我的随意——佐藤先生除了分红几乎不限制我做任何决定，我从两个方面体会到了大学毕业论文中所写的"分权与集权"，这实属难得。但是这一切，我想佐藤先生是想让我积累经验。

我在卢森堡待了5年。每天的销售会议有来自8个不同国家的20多位参会成员，有来自20多个不同国家的职员。通过管理这样一个"小型"全球化企业，我掌握了经营诀窍。

我在与他们的沟通上下了很大功夫。我英语本就不好，能用语言所表达的部分很有限。加之各自文化背景的差异，我总是无法准确地传达自己的想法，直到我学会"反问法"之后情况才有所好转。"反问法"就是让对方用自己的话复述一遍刚刚我交代的事情，通过这样的方法来确认对方是否完全明白了我的意思。这个方法很奏效。"反问法"也同样适用于日本员工，所以我之后也经常用这一招。

卢森堡是个美丽的小国家，面积相当于日本的神奈川县，为了能够生存下去，从很早开始就想了很多独具本国特色的办法。TDK也是早早就导入了ROE来计算公司的净资产收益率，又在美国进行了股票定级。因为是个小公司只能不停折腾新东西来引人注目。在这方面上来看，卢森堡与TDK有相似之处，我自然也对卢森堡有股亲近感。卢森堡政府的人员不多，却个个都是精兵强将，每个人在其中都能充分发挥自己的才干，做决策时效率也很高。尊重个体的组织运营方式是我在卢森堡学到的，也是日后长期受益的方法。

作为欧洲当地的最高层公司代表，我有机会接触卢森堡皇室，还被任命为日本的名誉总领事并担任至今，备感荣幸。

卢森堡亲王（中间位置，现卢森堡大公）

在卢森堡的经历，为我这样一个满脑子只有工作的无趣的人增加了社交中光鲜亮丽的一笔。我在 TDK 工厂所在的秋田真正懂得了故乡，在卢森堡的经历给自己的人生带来了意想不到的回忆。

出席派对的礼节，我也是在卢森堡学到的。我曾穿着男士晚礼服去参加便衣音乐会。还有一次，我看派对举办地在老城区的一个不起眼的小角落，心想不用太重视，便穿着平日里的衣服去参加了。到了之后才发现要着正装。仔细一看，在派对指南上已经用简写清楚地备注好了着装要求。派对的女性负责人哭着跟我道歉说："都怪我没好好说明，才害得您和您妻子出丑，真的十分抱歉。"

公司内部还会举行各种各样的活动，如家庭日、以国别编队的足球赛。大概是因为没有公司这么干过，所以这些活动吸引了来自10多个国家的500多人参与，职工们携家带口，玩得不亦乐乎。公司曾赞助演唱会，我也借此机会见到了世界级的大明星，暗暗自喜。

就在我想着在卢森堡干到退休也挺好的时候，1995年8月，公司赞助的世界田径锦标赛在瑞典召开之时，出席大会的佐藤社长路过了卢森堡。

我和佐藤社长面对面喝咖啡时，他因为面部神经

在欧洲的家庭聚会中做烤荞麦面的笔者

痛，咖啡总从嘴边溢出来，没法好好喝。他还抱怨道："早晨洗脸时，眼睛还进水了。"当年4月的汇率是1美元兑79日元，我没话找话就问道："日元汇率偏高啊？"佐藤社长只是心不在焉地回了一句"是呀"。

那时我认识到作为社长的不易，心中涌出一股干劲儿，想着为了社长也要努力给公司创造利益。虽然在和佐藤社长在之前的接触中，磕磕碰碰很多，但是从那次以后，我似乎也能理解他了。

1996年3月佐藤社长给我打电话说："虽然还没有

正式下来通知，但是公司决定选你担任董事。"我当时下意识地问道："啊？是哪里的董事呀？""当然是 TDK 的董事了。"同年 6 月，54 岁的我成为董事，业绩上涨之后又被任命为磁头事业部负责人。

我离开卢森堡时，来自欧洲各地的干部们聚集在一起放烟花为我送行。烟花绽放后在天空留下几个大字"泽部先生，再见了"。现在想来也是十分开心的一件事。

时光倍速般的磁头事业部

磁头是读取记录各类记忆媒体数据的精密部件，其中还发展出一部分被用作电脑硬盘中的磁头。事业部制造日本国内大部分的晶圆片，并将其在中国香港的 SAE 子公司中进行装配组合。

我在成为磁头事业部负责人之初，对部门内事务推进的速度感到很惊讶。其他部门 1 亿日元的设备报废都要写书面请示报告，而磁头事业部可以报废、购买十几亿的设备，因为他们有这个权利。实际情况是：在市场中，开发进行一年半，产品寿命才 9 个月。产品更新换代很快，老旧的东西要果断换掉，使用最先进、尖端的机械最大效率地投入生产才是决定成败的关键所在。事业部正是以此为宗旨才制定了高效的运行机制。

我深感在这分秒必争的技术竞争中，考察的正是个人力量。而在总部总是流行类似"大家一起努力奋斗"这样的"日式团体战"的风格，不过正因如此，才能有不擅长技术的我的一席之地，这样来看也算一种幸运。应用在卢森堡学到的经营技巧，我提出了一种发挥个人能力的方案。

首先在总公司从 SAE 的抽成入手。一些老员工因改变一直以来的做法而尽显为难之情，我便从职位最低的员工开始逐个说服。将原本 100% 的利润抽成降为 50%。利润抽成比率反映了总公司对子公司的信任度。子公司 SAE 能够进行再投资的利润增加，将拥有更多自主权，这有利于提升其士气。

此外，还实施了欧美风格的成果主义。公司对做出巨大贡献的、创造出几亿日元利润的干部，给予更高的工资回报。这样一来，就不发愁招不到优秀的人才了。当时整个 TDK 都在为日元升值而苦求业绩，也在尽量做到非必要不招人，但时任社长佐藤先生只能睁一只眼闭一只眼。

公司也一改往日观点，即认为制造高性能的晶圆片是了不起的工作，而装配组合是没什么技术含量的事情。实际上与顾客直接打交道的SAE掌握着十分重要的信息。公司要建立一个能够充分利用这些信息的体制，激活组织结构，以此来开发晶圆片。我最开始担任这个项目的负责人时，在推出新产品样品上花费了比竞争公司多两倍的时间，所以很快就缩小了与他们之间的差距。

我只担任了磁头事业部两年的负责人，但是在此期间时间像开了倍速一般，由于需要对此后的各种事情做未雨绸缪的规划，以至于我总有一种在这儿干了十多年之久的感觉。

一位SAE的高管曾这么对我说："泽部先生，我是第一次遇见像您这么好的老板，您会倾听我们的任何意见。""我知道了，但是我们之间的合约就到今年为止，请辞职吧！"我这样回复他。

我会这么做是因为那位高管一直是一位年轻有为的干部的眼中钉，把他调离，才好最大限度地发挥出那位年轻干部的力量。另外，那位年轻干部就是我点名推荐的、接任我担当下一任社长的上釜健宏。他自加入公司以来几乎一直在中国香港工作，因在当地积累了广泛的人脉关系而崭露头角。

　　这是我卸任磁头事业部领导成为社长之后的事情了。还有一位很直白地奉承我的干部，他是 SAE 的 CTO，对我说道："我喜欢 TDK，但是现在我有更喜欢的公司了。"于是，他便去了美国西海岸的一家晶圆片企业担任 CEO。当时上釜提出："失去他是一个不小的损失，不如把那家公司整个买下来。"收购完成后，那家公司便与日本国内的其他公司开展良性竞争，TDK 的市场份额也随之成为全球最大的。

成为顾问的佐藤先生（左）

1998 年 2 月，佐藤先生点名要我做社长，那时我56 岁。我不清楚佐藤先生到底是怎么考虑的，让区区一个刚担任董事两年并且和他关系一般的人来担任社长。点名佐藤先生成为下一任社长的大岁先生似乎与佐藤先生也不太合得来。TDK 历届决定社长的方式大都如此。

成为社长后不久，我去大岁先生家中慰问（他在我被调往卢森堡工作的第二年去世了），在他的墓碑旁，他的妻子对我说道："真是太好了，你一定要好好感谢佐藤先生。"想来，大岁先生在生前肯定对自己妻子说过佐藤先生不愿让我当社长之类的话吧。

俄罗斯债务造成巨额损失，我大脑一片空白

1998 年 6 月我成为社长。当时报纸上登载着我刚被任命为社长时的一段采访。"（被任命为社长时）大脑一片空白，没什么感觉"，报纸上是这样写的，所以应该是这样。而我记得自己被任命为社长时，十分冷静地说着"好的，我明白了"便接下了社长重任。我无法确定当时的实际情况到底是怎样的，但可以确定的是，还没激动多久，8 月俄罗斯债务危机给公司带来巨大损失，这时我才明白了社长所应承担的责任。

财务经理以及负责干部在走廊中一脸严肃地叫住了我。我说："在这里说就可以。"他们说："不，要到屋子里去说。"我一边想着这一点也不符合 TDK 坦荡直率的风格，一边走到屋子里。他们的汇报令我大为震惊，这次的俄罗斯债务危机居然造成了 150 亿日元的亏空！

我不禁脱口而出："这不可能！"这大概是我有印象的、自己担任社长后大声喊出的第一句话。据秘书回忆，当时的我呆站在屋子里盯着天花板。或许这个时候的我才是真正地大脑一片空白。

TDK 是一家不搞投资的公司，连总部的办公楼都是租借的。我年轻不懂事的时候，曾向当时的素野社长提议道：在东京站附近的黄金地段买下总部办公楼。然后被他训斥道："愚蠢！怎么能够超前消费呢？把这些能够产生利润的钱拿在手上才能使公司主要业务不落到凄惨局面。"

后来经过打听才知道俄罗斯债券的收益也不算特别高，为什么公司会买这样低收益的债券呢？我想不明白，哪怕去问了上一任佐藤社长也没得到答案。当时我才明白，所谓公司，就是会在社长看不见的地方出现各种各样的问题。

那段时间，我竟然还收到了右翼团体的来信，信中写道："我们想去拜访一下这位购入侵占了本国领土的国家的债券的社长。"为此我家门口经常停着便衣警车。那段日子可真不太平。

这些暂且不提，在拜访过一直以来都格外关照我的律师后，我更认为我应该受到处分。我询问道："将报酬分成几个月来发放的话怎么样？"他反问道："那能有150亿日元吗？"我被堵得哑口无言。"你要做的是提高公司利益，填补这150亿日元的亏空。"律师说道。

我内心本想在说到发放报酬的时候就结束这个话题，现在对自己的这种想法感到很难为情。社长肩负着公司上下的全部责任，靠这些眼前的蝇头小利是解决不了问题的。通过这件事我意识到，还是会有人愿意说一些有用的话点拨我的。后来，我聘请了这位律师担任我们公司的外部董事。

接任社长后，我去各大公司登门拜访。松下电气产业的谷井昭雄先生（时任松下电气顾问）与我的恩师——大岁先生私交甚好。谷井先生的一番话，也让我久久难忘。

我去大阪的总公司拜访他，他问道："今晚有时间吗？我有东西要送给你。"我原以为是什么纪念品，然而他所说的"礼物"其实是在酒席上说的这样一番话。"成为社长一段时间之后你会掌握与之相应的知识，对于很多事情也开始有了自己的看法。这样一来，社长们都会渐渐只欣赏那些与自己所见略同的人，而听不进其他声音。这是没办法的事情，但你要一直提醒自己：有一天我难免会变成这样。"

谷井先生跟我说这些话的意思，并不只是提醒我要听取不同的意见，还要我时刻保持清醒，不断告诉自己"总有一天我也会不可避免地变成那种人"。谷井先生的这句话深深地烙在了我的心中，成为我担任社长时反复思考的座右铭。直到我辞任社长时，这番话也依然在我耳边回响。

时任松下通信工业（现在的松下移动通信）社长的川田隆资对我说道："比起恭喜你，更想对你由衷地说一句，你要多操心了！"在他这么说完后不久，IT泡沫经济崩溃的影响开始冲击全球。

与海外投资者进行电话会议

IT 泡沫经济崩溃

2001 年 1 月，我和部分公司领导在成田机场附近的酒店中商量如何应对 IT 泡沫崩溃。大部分电子部门的领导认为这是景气循环，按以往经验来看，过三四年市场需求便可恢复，但是我认为这次的经济不景气将会使 TDK 发生以往从未有过的质的变化。

那是一场数字化的大浪潮。对于制造业来说是一场标准化的大浪潮。拿 DVD 来举例最为简单易懂。在天线时代，由于对录像带材质的打磨程度不同，所以会有质量上的差异，但是 DVD，只要买机器谁都能制作。技术人员自然是拼尽全力研究 DVD。虽说是宣传"我们的产品使用的色素是不一样的，能够让用户看到黑色的深度，关灯之后便能发现这一点"，但是真正向消费者传达出来还是太过微妙。我有种莫名的恐惧感，亚洲范围内的技术赶超很简单，说是国家资本主义也好，由各国的产业政策推动变革的时代已经来临，三四年后的市场环境很可能就完全不一样了。

这也就是所谓的创新困境，即使拼命精进技术，一旦产生代替品，那么原来的东西便会变为毫无用武之地的产品。对于 TDK 这样的元件制造公司来说，所有的事业部门都经常被这种最可怕的、破坏性的创新威胁笼罩着。

TDK 能够存活下来是因为成功实现了从靠成本取胜到靠价值取胜的转变。对此需要创建适用于新的竞争环境的人员结构。虽然也有很多人主张发放八折的工资来共同协作渡过难关，但是我下定决心推进公司结构改革，而这也伴随着大规模的裁员。面对巨大而又突然的变化，慢动作应对是很危险的。

在秋田的一个落后偏僻的小山村建造一家工厂，为大家提供稳定的工作。抱着这样的信念，斋藤宪三先生创立了 TDK。所以 TDK 对裁员这一决绝的决定上抵抗感很强。在 1970 年的经济低迷期，公司不得不在秋田工厂中统计有离职意愿的人，并在公司的健保工会新建的体育馆里开了送别会。那时候的我也总感觉在自己建的场地里开送别会，有一些不合道理。如今，我亲自主导同样的裁员工作。很多因缘分来到TDK、多年来为公司做出贡献的人也被迫辞职。

笔者在员工的经营计划报告会上讲话

在秋田体育馆中，大概是不想让气氛过于压抑，一向严谨正直的山﨑贞一（时任会长）在肚子上玩起了数字画画游戏，还有跳舞什么的。我现在也还能时常记起一向刚强的素野先生站在洗手间里，一边偷偷抹眼泪一边说："弄成这个样子真是太遗憾了。"

当时前任社长佐藤先生已退到顾问职位，他只是说："素野在哭呢。"于是我向素野先生做汇报的时候说道："大电机公司也在这么做呢，也是没办法的事情啊！"他回答道："不，我们是TDK。"随后又说："我明白，只能好好做了。"收集统计有意向离职的人员名单时，工作在第一线、最为难的人事部门也真诚地贯彻了"关注员工内心"这项指示，这使我十分感激。

为了写这篇文章，我向负责人确认当时的记忆时，收到了这样的一封邮件："指示要求别把这次的任务当成功绩、不要引起事故，公司全体员工都能携手共同帮助公司渡过危机，因为公司对职员有足够的尊重。"现在我更加意识到前辈们建立起来的社风是多么优秀。

此次共裁掉国内3257名员工、国外4511名员工，2002年3月结束裁员时，公司在东京站附近举行了老职员聚会。佐藤先生说："你去了会让事态更麻烦，还是我去吧。"说完便出门了。大概是第二天，佐藤先生只是说了句："会被群殴的哦。"便一如既往地没再多说什么，只是苦笑。

美国投资人对我方策划案嗤之以鼻

　　我在 IT 泡沫破裂时想："这时候必须有能够预见未来的远见卓识，能够看清理想社会的样子。"在这艰难之时，人们忙于重振业绩，视线很容易被眼前的任务困住。这样一来社会就无法进步。

　　面对数字化浪潮，未来变得捉摸不定，但"捉摸"未来这事无比重要。经营者不是评论家，不能像他们那样动动嘴巴说"现在世道变艰难了"就行了，而是必须拿出解决办法。于是，公司在这时打出了旗号"要做一个不靠成本而靠价格取胜的公司"，并将此落实到具体的数值目标上（①新产品占比要达到 30% 以上；②市场占有率高的"明星产品"要达到 50% 以上。）以此来领跑社会发展。

　　为了将 2002 年 3 月期（2001 年度）的财务赤字

实现"V字复苏",我携详细计划前往美国拜访投资者。这是当时发生的事情:我正在说明公司的计划,一位30多岁的女投资分析师忍不住"扑哧"笑出声来。我以为发生了什么事,看向她,结果她漫不经心地说:"你这完全不行呢。"意思是指我们公司的计划不具体。"那我们只能拿出实际成果了。"说完我便愤然离席。

海外召开的业绩说明会(在英国爱丁堡)

我的恩师大岁社长曾经说过:"笨蛋如果只付出常人2倍的努力的话根本没戏,2.5倍才能与常人平齐,3倍才能做出点东西。"于是我谨记恩师教导,在漫天大雪中拼命地蹬着自行车。与这件事情一齐想起来的,好像还有其他一些事情,但是唯独我被年轻女子小看,随后燃起斗志这件事宛如发生在昨日，常常浮现在眼前，我也一直没能走出来，没了自信。

就是在这时，承蒙 ANA（全日空航空）盛情邀请，我有幸在元旦当天坐上了"新年日出航班"。那是 2003 年，自从坐了这趟"新年日出航班"，那年公司报表也迎来"曙光"，扭亏为盈。接下来的两年，我都一次不漏地乘坐了这趟班机。从舷窗能看到新年第一天旭日东升，还能俯瞰富士山，这些经典景色自不必说，当时只要是出现在我视野中的山峰，我都向它们一一祈祷"希望业绩能够恢复"。每日都尽人事，但我没能做到听天命。虽然我也曾迷信，求天拜佛，但最终还是裁减了一部分员工。

从 2003 年开始，公司连续 4 年获得收益，销售额也首次突破 7000 亿日元。为了减少员工们的压力，公司将新产品的比率基准放缓，所以新产品的比例变成了 30%。"明星产品"的占比则是踏踏实实地达成了 50% 这一目标。其中磁头这个"明星产品"值得拿出来说说，它是装在电脑硬盘上的高利润产品，因为其他的竞争对于退出了磁头市场，所以也自然而然地成了"明星产品"，为实现这 50% 的占比做出了巨大贡献。

我不清楚公司恢复的业绩当中有多少是我的功劳。在那之后，美国借着与雷曼事件紧密相关的借贷经济开始经济扩张，世界经济的年增长率也随之上涨了 5%。要想顺着这股经济扩张之流发展，公司就必须进行产业重组。但经营者能否成功，七成要靠运气。我对此深有体会，因为我八成都是靠运气。

当时我提出了"电子原材料网络服务商（e-material solution provider）"这样一个概念。我当时是想，这个概念提倡紧跟客户需求，摸清市场动向，使用软件增加已有的电子零部件的功能，抢占下一代新产品的市场。只不过，就连提出这个概念的我，也不清楚遵循这个概念具体会生产出什么样的产品。那时，我想把 TDK 转型为一家"以客户实际需求为中心制造产品"的零部件公司，在恢复业绩的大目标之下，我们也在不断摸索转型之路。那位年轻女性指出我们计划"不具体"，这也确实有其深意。或许是因为当时被这句话戳中了痛处，现在我也时不时地会想起她。

社长办公室里摆放着我就任社长时拍的照片，听说某天早晨，进来打扫的保洁人员笑着对我的秘书说："当社长的真是太操劳了。"曾经乌黑的头发转眼间变得花白。我身边的部下时隔多年也感叹说："之前确实是听说过有'一夜白头'这么个说法，原来是真的呀。"

选定 ATL 中大奖

大概是在 1998 年我就任社长没多久的时候，首席技术官斋藤俊次郎来我办公室里，提出想做手机的充电电池。他说，电池里有未来。

TDK 很多次尝试过做电池，但都以失败告终。每当我说其实自己也有向其他行业挑战的精神，但总是进展不顺利的时候，斋藤就会说："我们公司可是叫东京电气化学工业（创业时的公司名称）。"以此来堵上我抱怨的嘴。他一直强调："电池就是电气化学本身。"

我没想过它是如此重要的东西，所以好多细节我也记不太清，印象里在那之后又被谁深深地说服，投了 30 亿日元配齐了十分气派的自动生产设施，也决定和摩托罗拉就手机制造进行供货谈判。但 TDK 在电池方面是个新手，连往电池上钉钉子这种测试机械冲击耐久的实验都是第一次做，所以最后电池性能没能达标。包括库存在内一共亏了 50 亿日元，这可是一笔数额不小的"学费"，我也因此放弃了挑战。又过了一段时间，到了 2004 年。这次是中国香港的磁头子公司——SAE 的干部，Raymond 找到我，希望我买下之前 SAE 公司旗下的一家做充电电池的公司。

Raymond 是个很有意思的人。眼看着在磁头部门的干部们一个一个都晋升去了 TDK 总部，他嘟嘟囔囔地念叨："怎么就我一个人没法出人头地呢？"也不知是不是这个原因，他总会不停地跑来，和我谈着八字都没一撇的收购事宜。所以关于这次的收购我以为又是他的一时兴起。而且，我再也不敢碰电池了。

但经过了上次的失败，我多多少少对电池有了些了解，于是半感兴趣地去了中国香港考察。在香港与陈棠华和曾毓群这两位公司高层交流之后，我的想法改变了。他们两位对商业有着更深的理解，对项目的解释说明也头头是道，直觉告诉我他们是值得信赖的经营者。

他们那种把好钢用在刀刃上的做法，也让我感觉到了彼此的差距。在原本是制鞋工厂的厂房内，生产线十分老旧，但唯独核心紧要的部分改用了新型设备。而且最重要的一点是，他们尊重每一个人。

说不定这次能拓宽我们公司的业务范围，于是我决定用90亿日元收购他们公司。这个公司就是现在撑起TDK利润大半边天的公司 Amperex Technology Limited（简称 ATL）。

TDK 公司是靠铁氧体、电容器等产品来赚取基本的利润，在此基础上，时不时会冒出几个"明星产品"，从而带来巨额利润。起先是盒式磁带畅销了一段时间，磁带时代结束后，接着就是磁头的红利时期。这些都是我在任社长时候的"明星产品"。再到了后面，继硬盘之后，快闪存储器流行起来，而 ATL 的电池接过了"明星产品"的接力棒。

收购 ATL 公司就像中了大奖一样。现在想来，这全都是斋藤和 Raymond 的功劳，是他们让我见识到了电池的世界。最初当作交学费投资亏损的50亿日元，现在变成了140亿日元的利润。现在这家公司，手握全球近一半的智能手机电池市场份额，在无人机等各种电子器械的电池行业，亦是位列前茅。后来，曾毓群将 ATL 的汽车动力部门打包独立出来，成立了CATL公司，现在在车载动力电池这个领域做到了世界最大。这也让我十分惊喜。

在日本的电子工业被数字化浪潮冲击的初期，作为社长，我的职责是将TDK转变成为一个靠价值取胜的公司。之后想来，ATL已经能够紧跟客户，制造出高度贴合需求的产品。它在不经意间实现了我之前提出的抽象的概念。

TDK明白自己是靠着收购与现有业务有交集的公司才顺利发展起来的。电池在技术上来说与TDK的本业

笔者与陈棠华（左）和曾毓群（右）

完全不相关，这次的成功收购也不是我一个人的功劳。不仅仅是我一个人看好电池产业，在电池产业进入我的视野之前，已经有许多人在商议，做好了各种"攻略"。

我作为经营者取得的成绩，可以说有八成以上都是靠运气，这不是我谦虚，是事实。要当好一个经营者，最重要的是有一个能够与自己互补的优秀团队。但就算是这样，要取得理想的成绩也是一半靠自己努力，剩下的另一半靠运气。在这之后，Raymond也晋升为董事，喜悦之情，溢于言表。

一线工作经历助我下定决心

2005 年至 2006 年，TDK 决定退出 CD 和 DVD 等记录媒体业务领域，这是我社长生涯中最后的工作。

在那个磁带还是"红角儿"的时代，公司盈利中的七成全是磁带部门带来的，是公司当之无愧的"顶梁柱"。我记得那时候还说过："磁带永远不会消失。"在那之后，录像带市场行情忽然跌落，数字化导致磁带的竞争力变弱，很长一段时间内公司的经营都十分困难。经历过起伏兴衰，磁带事业部的大家对工作更有热情，也更加团结。决定退出磁带市场需要莫大的勇气。

我在磁带事业部待了相当久，也像大家那样不停哼着 HOUND DOG 乐队的歌"握紧拳头，即使被打倒在地"，期待着能有转机。在经历了激烈的内心斗争之后，这次轮到我做出撤退决定了。

我决定从海外的公司开始，首先关停了我之前在卢森堡亲自设立的工厂。我一直以为海外的解雇没有多难，但前不久听说在关停的美国加利福尼亚州的工厂，有女性员工收到解雇通知后崩溃大哭。

在 TDK 之前，其他的海外企业关停卢森堡的工厂时，听说还发生了暴动。我担心那 60 多个在卢森堡工作的日本职员的孩子，于是决定不举办送别会，低调地让他们一个一个回来。

在通知关停之后，游行队伍就来了。星期天的早上，工厂那边打来了紧急电话："工厂已经被包围了。等下说不定会冲进来。"我慌慌张张地说："就交给你去谈条件了，先听听他们的要求。"

最后是公司的人事部门帮忙顺利解决了问题。在 IT 泡沫破裂时期，日本国内裁减员工，人事部门为失业人员十分周到地提供了再就职援助，约九成的失业人员都顺利再次就职。于是，人事部门用同样的方式解决了卢森堡工厂的关停暴动。

当初向卢森堡的驻日大使汇报要关停工厂时，对方一口答应："明白了。请你们按 TDK 的风格去处理关停。"您说的 TDK 的风格，是怎样一种处理方式？"我不解地问道。那位女性大使慢条斯理地说："那就得靠自己去思考了，你不是经营者吗？"之后，卢森堡当地的报纸评价我们这次关停工厂的处理方式为"漂亮的撤退"，对此我万分感谢。过去，我被公司派到卢森堡工作了一段时日，因此机缘，受委任成为日本驻卢森堡名誉总领事。后来我提出想辞掉这一职务，大使馆婉拒了我说："这个和那个是两码事儿。"

再后来，公司大半的磁带业务都卖给了美国的 Imation Corp（现在的 GlassBridge Enterprises）。磁带事业部里，有许多优秀的人才，他们是在磁带的黄金时期进入公司的，我让其中的一部分人才调去了电子零部件部门或者其他的部门。还有一些主管级别的人要去 Imation Corp，他们说："如果自己离开的话，其他的下属们会不安的。"

我换位思考了一下那些即将要去完全陌生的公司的员工的心情，不安感即刻充斥全身。在这不久前，我卖掉一家物流子公司时，也有干部做了相同的事，也许这是前辈们留下的公司传统。任何业务都不会永远存在，为了适应时代的变化，将公司重新改组是无可避免的，而想要顺利推进这件事，仅靠经营者的决断是不够的，还需要工作现场的人们的努力与各方面的操劳。

在要卖掉卢森堡的厂房之前，我去了一趟那里，碰见五六个熟人正在打扫厂房。我问他们这是在干吗，他们说："想把这厂房弄得干干净净地交给新主人。"我感觉到自己的良心备受煎熬，原来我在不知不觉中已经把我的员工们分了类：比利时人、德国人、卢森堡人。但其实外国员工与日本员工没有区别，都是我的员工。就在我被派去卢森堡工作之前，我还担任过欧洲事业部的部长，在德国开办了磁带工厂。那时工厂里有位德国男人问我："我家女儿还很小，这个工厂会一直开到我女儿上大学那天吗？"我拍着胸脯向他保证："TDK 公司不只生产磁带，以后还会不停地有新的产品问世，所以你放心好啦！"当时我的脑袋里几乎全是关于数字媒体的事，但那个工厂最终与卢森堡的工厂一同潦草收场了。

有一次下大雨，德国的工厂被水淹了，德国人都把自己家的牲口棚丢在一边不管，转而跑到工厂里进行抢修作业。这些往事也一一浮上脑海来。

关停之后的卢森堡工厂

卸任社长

　　我一直纠结着是否让公司退出记录媒体行业。2005年3月，公司的运营会议上大家谈到关停卢森堡的工厂时，有人提议可以保留卢森堡的工厂，来接替匈牙利制造电子零部件的业务。但从人员开支上来看，匈牙利更加便宜，这个提议不合道理。

　　大家都知道卢森堡的工厂是我曾经亲自建造起来的，是我珍视的地方。也是因此，我有幸担任了日本驻卢森堡名誉总领事。他们也是顾虑我的心情，才提出了那个想法。我明白他们是想照顾我，但是从经营公司层面上来考虑，这明显是个荒唐的提议。

　　想起1998年就任社长时，松下电器的谷井昭雄曾经告诉我作为社长容易陷入的误区："社长们都会渐渐只欣赏那些与自己所见略同的人，而听不进其他声音。"

那些本来应该毋庸置疑的、有着极高经营判断力的董事们也开始揣测我的想法，最后只会提一些迎合我的意见。

社长当久了真的会变成这样吗？也许与谷井先生的说法有些出入，但我也确确实实感觉到最近力不从心了。

但我打算卸任的理由不仅仅如此，而是自己无法再想出好点子了。面对数字化浪潮时，虽然我挥着大旗，带领着公司主动而不是被动地自我升级成一个能给顾客提供新价值的电子零部件公司，但具体要如何去做，我这信息技术"小白"只能提出一些浮于表面的陈规老套的建议。我发现自己已经跟不上这个瞬息万变的互联网社会了。

在当上社长之后，我把写有下一任社长候补人选的纸一直放在办公桌的抽屉里。刚开始写了两三个名字，但从第三年开始，名单上就只剩下上釜健宏这一个名字。他是 TDK 的主力产品硬盘磁头制造公司的带头人，年年都在晋升。在这个时代，我这样文科出身的人不能胜任社长职位了，所以打算将公司的未来托付给年轻一代的技术人员。

我拜访了上一任社长、现任顾问佐藤先生，表示自己想要卸任。佐藤听完就说："不是说好了要干满10年的？"拒绝了我的辞职。来来去去商量了一番后，约好再干一年。2006年的春天，我又一次去了佐藤先生的办公室，说："今年六月我就卸任。"

紧接着佐藤先生突然站起对我说："我指名你为社长之后，大家都夸我挑选了一位不错的社长。实在不胜感激！"说完深深地鞠了一躬。一向行事粗犷的佐藤先生是说不出如此正经做作的话的。见我在原地发愣，他又补充道："相信你也有优秀的人选了吧。"

这是佐藤先生教给我的最后一课。他嘱咐我说："社长要负责的不仅是任职期内的公司业绩，卸任后，只有后继者也能将公司经营得像模像样，才算真正完成了任务。"佐藤先生经常把社长比作接力赛的带棒跑手。

佐藤先生把挑选后继社长的重任交给我，作为顾问，没有发表任何意见。只是在刚开始的那段日子，把自己随时想到的东西写在纸上，递给我说："时不时看看吧。"但我一直忙于处理日常事务，没有时间去看，那些纸也只能原封不动地躺在我的抽屉里。这些日子得闲拿出来看了看，发现上面有几处写着想把社长之位传给上釜。

我与新社长上釜健宏（左）

全国城市棒球大赛夺冠

　　就在 2006 年 6 月我卸任社长之后，秋田的 TDK 棒球俱乐部在同年举行的全国城市棒球大赛中获得冠军。1982 年，TDK 在纽约证券交易所上市，同年也在全国城市棒球大赛中获得冠军，这两大喜事难分伯仲，都是我进入公司以来最开心的事情。

　　秋田的 TDK 棒球队，确实是实力薄弱。它从未作为地区代表出战过，自 1973 年第一次参赛，随后 30 年间，入围决赛的次数也仅仅只有 8 次，并且每次都是第一个出局。球队夺冠那年如往年一样，没有什么明星选手。第一场比赛时我没抱任何期待，只是到现场为他们加油助威，结果竟然赢了，没想到接下来第二场也赢了，我认为大概已经到顶了。可我的司机，曾经是大昭和造纸公司的冠军投球手，他靠直觉判断说："可能真的有戏!"这位司机是我当社长后开始学高尔夫时的教练,对体育有自己独到的见解。他说选手们的状态都很放松。

决赛入围赛的对手是日本通运公司,四局结束后比分是1比5,我们和对手的差距很大,似乎败局已定。但我们在第5局和第6局每局都追回了1分。在第7局比赛中,4号选手佐佐木弥,毕业于秋田本地的本庄高中,是一位平日十分不起眼的人,他打出了当天第二支本垒打,而且是一支满垒打,以7比5逆转了局势。

看着认识的员工在操场上大放光彩,是业余棒球运动的乐趣所在。我们的队员可能是抱着"输是必然,赢是偶然"的良好心态吧,这支原本在赛场上,仅有的战术是等着一垒出现跑垒员时,下一名击球手就把球打出去然后听天由命的队伍,这次却一改往日面貌,在场上与强敌激烈对抗。

比赛迎来了最后的第9局,比分8比6,我方领先并做最后的防守。内场已有两次死球,对方跑垒员在二垒、三垒严阵以待。击球手把球打到中外野手前方位置,此时三垒跑垒员冲过本垒追回一分,满场沸腾,二垒跑垒员也全力冲刺奔向本垒。谁料本垒被触杀出局，我方戏剧性地以 8 比 7 赢得比赛。

我怎么也没料到我们的队伍能进决赛，第二天还跟松下电器的谷井昭雄约了饭局。我带着歉意给谷井打电话，想要取消那天的饭局，他立刻就把时间推后了，说："恭喜恭喜呀，一定要代表电子工业界拿下全国冠军哪！"

到了决赛，我们的对手是日产汽车。站上投手丘的是野田正义，他凭着上一场入围赛中的惊艳表现成了我们队当之无愧的"王牌"。但他其实毕业于东京某所高中，之后才来到秋田，一张娃娃脸特别像邻家亲切的小哥。他一直都是我们队的"王牌"，所以能站上决赛投手丘的只有他。万众瞩目下野田也以漂亮的好投和完投回应了大家的期待。拿下全国冠军的时候，我有多么开心，看后面那张照片就能知道（那张照片是从别人给我录的视频里截出来的）。

当社长时，我一直都在从各方面思考什么该做什么不该做，觉得这是作为经营者最重要的任务。我们的棒球俱乐部的实力太弱了，我还曾经威胁他们："再这样搞，有可能会废除棒球俱乐部！"但我也不明白像我这样要求俱乐部和公司业绩在同一水平线上的做法是否正确。在棒球俱乐部获得全国冠军的那一瞬间，曾经水火不容的公司干部们都不计前嫌地抱在了一起。为了让公司上下一心，我曾经说这说那唠唠叨叨，但这完全不及弱小的棒球俱乐部上演的一场反转大戏有用。

之前我说要停办棒球俱乐部的时候，有人站出来说他们要自己筹钱继续维持 TDK 的棒球俱乐部，这些人把棒球俱乐部视为自己人生中的一部分，热爱着 TDK 棒球俱乐部。他们看到队伍获胜时，都兴奋不已。后来他们还挤在卡车上，在秋田的田野中，来了一场田园牧歌风的花车巡游。我也趁着大家的这股激动劲儿，喊话说："我们也要把这个劲头儿带到工作里去！"啰里啰唆地说了不少煞风景的话，现在想来十分惭愧。

最近我问了野田那年棒球赛的事，他说："比赛那年也不是只练球，都是在认真完成工作之后，下班了再去练习，因此队友们到场的时间很难统一，只得延长练习时间，一直训练到很晚，正因如此大家练习时也更加投入。"那次比赛之后，我们队伍又变弱了，所以我不知道他说的是不是真的。在我看来，上釜真是位有魅力的新社长，刚一上任队伍就获得了全国冠军。之后不久，2008年雷曼事件就发生了，公司也受到了影响，上釜说："看来是那次全国冠军把我们的运气都给用光了。"

胜利的瞬间（在东京巨蛋）

与新社长交接工作

2006 年，64 岁的我卸任社长职位，退居会长，依然继续参加公司的运营会议，但后来我发现，有时发言者一直面向我做说明。我觉得有些不妥，就不再参加了。

第三任社长素野先生在与第四任社长大岁先生交接社长职位后，担任会长，当时他嘱咐道："去找记者写些报道，就说新上任的会长实力不凡。"我也不知他是不是认真的。在退居会长之后，还跑过来问我："会签文件还没到我这儿，发生什么了吗？"我回复他，会签文件应该由大岁社长签字。听完他迷迷瞪瞪地说："大岁能办得好吗？"素野社长实际上并不如报纸报道得那么实力超群，这暂且不提。我的上一任——佐藤社长，卸任后退居二线担任顾问，从不多过问公司事务。

我觉得在社长交接这件事上，做到素野先生和佐藤先生的中间程度是最好的。从我手中接过担子的是上釜，他原本一直待在中国香港的子公司，突然走马上任总公司社长，所以他在上任之初不太熟悉怎么领导公司，财务相关的工作经验也尚浅。这些他能力不足的地方需要我去帮衬一把，我就留在了会长的位置上，并且从管理层面上来看，这样做也能给新社长压力。那时候的我，已经积累了8年的社长工作经验，退居幕后让我工作起来游刃有余，觉得身上有使不完的劲儿。

经历2008年的雷曼事件时，直觉告诉我有必要确保公司资金周转万无一失，于是下达指示发行公司债券，筹集了800多亿日元的资金。并且我冷静地判断，这次雷曼事件与之前导致公司进行数字化改组的IT泡沫破裂不同，仅仅是一次经济循环周期，迟早会好转的。

在"传帮带"新社长的那段日子，有一件事让我印象深刻，那就是与德国Epcos AG公司的非常有经验的Ziegler会长进行收购谈判。

从德国著名品牌西门子独立出来的Epcos AG公司，心气比较高。作为收购方，TDK自然是想在产品上沿用已经家喻户晓的 Epcos AG 品牌；同时作为公司，TDK 也想把 Epcos AG 的商标与自己的商标融合起来。但似乎对方的 Ziegler 会长是把 Epcos AG 和 TDK 摆在同等位置上来考虑的，提出要用他们自己的商标。

上釜觉得此事有些棘手，于是我承担起说服者这个角色，前往维也纳与对方会面。Ziegler 会长订好了维也纳爱乐乐团的演出票，等着我一起去欣赏。我开门见山地说："我不是来听音乐会的。"对方的脸眼看着就红了起来。可能是说得有点过分了，我还是和他一起去听了半场音乐会，后面找了家便于谈话的餐厅，以便两人面谈。

我说完自己的来意后，Ziegler 会长十分生气地说："你是来跟我理论资本问题的？"我眼瞅着这种态势不对，觉得要先冷静处理，于是解释道："我们很尊重 Epcos AG 公司的个性，但收购、合并成为一个公司，最有代表性的就是 TDK 的商标，这一点我们不能退让。"我进一步施加压力说："你们不同意的话，我们就取消收购。"对方见我十分强势，只能回答说："请给我们一点时间。"一个月后，对方回复："同意您的意见。"接受了我们的条件。

在"传帮带"新社长上，我这次总算是做了件对得起自己会长名头的事情。但要是问我平时有没有做好辅助和监管工作，也不好说。我只是时不时地摆出公司高层的样子，"刷刷存在感"罢了。

有很多次我都能感觉得到，在公司内外，其他人都把我当作实干型会长。可能是因为在我担任会长的那段时间，还在工作上不停地探索吧。我比上釜年长 15 岁，我老在眼前晃，他肯定也不怎么好受。我没能做到让新社长放手去做，也没有退居二线，在历代社长的交接任务中，我是完成得最差的那个。

笔者与 Klaus Ziegler（左）

外部董事不好当

我从社长退居会长后，有好多人来问我能不能担任他们公司的外部董事。站在那些来拜托我的人的立场上来看，来找我确实有一定道理。毕竟我刚刚从一线经营者的位置退下来，多多少少还留有一些经营者的感觉在身上。所以我觉得方便的话，去试试也无妨。

第一个来找我的是旭硝子公司（现在的 AGC 公司），他们公司在找从事其他行业的外部董事。我不知道自己能派上多大用场，也没有什么自信，于是回复他们："不给我报酬我才干。"这之后，马上又有人找我了，是我年轻时候交情甚好的野村证券公司的古贺信行先生（时任金融控股集团社长）。我也照老样子回复他，不给工资我才干。对方听完很生气地说："你在开什么玩笑？"

他说："只有拿着对等劳动报酬，才能有责任心地去做与工资相符的工作。如果我不接受对方的报酬的话，他们也很难办。"听完这些，我反省了一下自己当初的做法，觉得他们说得有道理。于是急忙给旭硝子公司回电话说："我还是接受工资好了。"那之后也有很多公司找我，但我也不能全部接受，潦草应对，于是就锁定了差不多四家公司。每个公司都有各自不同的公司文化，我也长了不少见识。野村证券公司配备了由年轻外国人组成的智囊团，他们专门负责给社长做一些新提案。我觉得这个智囊团非常好，能够帮助社长接收各种各样的主意与想法，于是回到公司后立马告诉了上釜社长。

说不定上釜挺烦我什么都要跟他说。有家公司，一直都坚持大范围挑选下一任社长候选人，课长级别都有资格入选。我特别欣赏这种重视培养后继者的精神。还有一家公司，在有国外智囊参加的会议上得出结论："本公司认为目前讨论下一任社长为时过早。"结果，社长受到上级公司大幅降薪的处分。理由是：社长虽然带领公司取得了不错的业绩，但疏于培养接任者。我一直自认为清楚培养新社长也是现任社长的工作，但看到海外的公司对于这项工作要求得如此严格，还是被震惊了。

在别的公司担任外部董事，相当于代表自家公司去和其他公司比武。我不想让 TDK 被别的公司小看，于是挤出周日白天的时间，抓紧熟悉、掌握下周的议题和资料。

外部董事里有很多人都是优秀企业的经营者。有一次，在其他公司的董事会上，经过一番活跃的会议讨论，小松制作所的会长坂根正弘可能是被会议上的充实感震撼了，不由得感叹道："还得是成功人士，这个会开得神清气爽啊！"接着看向我说："TDK 之前也是优秀企业吧，真是厉害呀。"虽然坂根先生没别的意思，但我还是自顾自地燃起了竞争心，回到公司就跑到上釜那儿说："今天真的让我太不甘心了！你要好好干哪！"

有位很有见地的经营者前辈告诉过我："这世界上有一种人，他是董事长会长，也叫 CEO（首席执行官），整天一副天上地下唯我独尊的样子。"我一听，"啊，我，就是这样的"。说着就觉得不好意思，于是卸任了 CEO。

CEO 这个职位，还是在我负责公司的 IR（面向投资者们开展的宣传活动）之后，和上釜商量后新设的一个位置。上釜神经很粗，也不知是谁起的头，我一卸任他们一群老朋友就喝酒聚会庆祝他升任 CEO。

笔者出席田径世锦赛的颁奖仪式（2007 年于大阪市）

对于在这里、那里听到的一些事情，我总是想着要是能将其应用到 TDK 的话，对公司大有好处，于是我把一个接一个地浮出来的好点子一一写在纸上。但我内心一直有一个声音：你已经把工作都交给上釜了，这样就行了。于是在某个星期五的晚上，我把攒的一堆纸都丢了。

与投资者来往

　　不论是当社长的时候还是当会长的时候，我都从IR 中学到了不少东西。我年轻时曾在社长办公室里，与日本兴业银行（现瑞穗银行）的神谷先生一起旁听给海外投资者开的说明会，得以初窥投资者们的世界。之后想来，这对我的职业生涯来说是一件幸事。

　　这种说明会，一般是证券公司安排流程，气氛相当轻松愉快，与联谊会相差无几。参加会议的投资者们都会想："今天的礼品是什么呢？"他们很期待收到磁带。但也有例外，比如美国的 CalPERS（加州公务员退休基金），作为投资方，他们的态度一直以来都冷冰冰的，每年我们去拜访时，都会被他们挖苦："你现在说的怎么和去年不一样呢？"导致我们一度下不来台。

　　我当上会长之后，首先接待的是一位英国的投资者。TDK 当时持有很多现金存款，所以这位投资者鼓动我们买自己公司的股票。我说："电子零部件产业现在不稳定，从长远考虑，手头还是多备点资金比较好。"听完他就立马说："日本人总是爱把长远考虑挂在嘴边。万一真发生什么，我们会出资的，所以你应该放心地买自己公司的股票！"

但要知道，公司的资金是要按需进出账的。1997年日本金融危机时，太多企业苦于资金周转；而且见完这位投资者之后，紧接着 IT 泡沫就破裂了，TDK 因为裁员支出了一笔不逊于同行的退休金，而我们能够顺利渡过这些难关，靠的就是一直以来对资产平衡表的重视。

当时我没有接受那位投资者让我购买自己公司股票的意见，话不投机的我们最后不欢而散，作别时他说的一句话让我印象十分深刻："你得拿出点儿东西刺激市场啊！"原来他想说的是这个呀。看来他也不过如此，这让我有点失望。但如果能互相把自己最真实的想法拿出来碰撞的话，我也能深化一下自己的想法或者改正一下自己的思考方式。那位英国的投资者还问过我，TDK

的 EVA（经济附加值）是多少？我回答道："ROE 我还知道是什么，但是这个 EVA 就真不知道了。"对方一听我连这都不知道，马上就觉得我也不过如此。

EVA 是那段时间刚流行起来的一种新的经营指标。于是我立即给公司打电话，让他们给我寄来相关资料，在飞往纽约的飞机上学习。在纽约，我也被投资者问了知不知道什么是 EVA，在听到我肯定的回答后，对方也就顺利过掉了这个话题。

那些海外优秀的投资者们教了我好多新知识。就像 IT 泡沫破裂时，我也是在美国和投资者们对话后，才感知到数字化浪潮即将到来。

不要不懂装懂，要说出自己真正的想法，这样对方才会感受到你的诚意，与你交心，自己才能学到更多。我有幸和 J-Eurus 公司（规模不大但独立运营）的社长岩田宜子打过很长一段时间的交道，拜托她帮忙安排投资的相关事宜。多亏她亲自上阵，准备得当，我才能和投资者认认真真比拼。能遇到如此得力的帮手，实在是一件幸事。因为投入了巨额资金，对方也拼了命地在争取。我扬扬自得感觉今天发挥得不错，在一旁看的岩田女士在我后面挖苦道："对方的表情好像就在说：浪费时间。"

波士顿有位上了年纪的女性投资者玛莎，她总是言辞犀利，不太好打交道。有次我去波士顿拜访她，得知她当天就在波士顿没有出差后，心中暗喜。谁知她没有给我见面的机会，而是通过视频电话和我沟通。视频电话中的她和以往一样，气场十足，说话句句一针见血，让我无言以对。

与岩田宜子的合影（右边是岩田宜子，中间是笔者）

在圣迭戈市也有一位严肃的投资者，我在纽约和他开视频会议，刚摆好姿势，对方就发话了："你有自信吗？"我一回答"有"，对方就说他明白了，转头投了数百亿日元。我也蒙得没说出话。不知道海外投资者是否也明白这个道理：投资就是要投桃报李，双向奔赴。我特别喜欢与投资者们相处，也许是因为我是一个与投资者们十分合得来的经营者。

去拜访伦敦的投资者时，在伦敦皮卡迪利广场广告牌前
（中间是笔者，右边是时任专务董事斋藤俊次郎）

家人是坚实后盾

2019 年 3 月，距我辞去 TDK 的顾问也过去不少时日了。某天我在家整理相册，找到一张照片，这照片是我母亲和妻子一起去长崎的豪斯登堡时照的。

我对此毫无印象，便拿去问妻子。她说，那时候我们和父母一起住在千叶县的我孙子市，因为我一个人去卢森堡工作了，父母也想去欧洲旅游，但年事已高，出国旅游不太方便，所以她就带着还比较硬朗的母亲去了欧洲风的豪斯登堡。

公司的秘书也说过我对年事已高的父母，特别是对父亲很冷淡，秘书还对我说："今天的父母就是明天的自己。"当时我不以为然，父母是我最亲近的人，所以我对待他们的态度在秘书看来不好接受。但现在听了妻子的话，才意识到自己对父母做得比妻子差远了，她在背后默默付出了这么多，让我既意外又感动。

我是在进入公司的第五年（1968年）的时候和我的妻子辽子在一起的，现在也过去50多年了。我沉迷工作，无暇顾及家庭，把我这事说给别人听，人家都会一脸不可思议地问："都这个时代了，竟还有这种工作狂消耗着空气活在世上！"熟知我工作时和私下里样子的一位员工说道："你呀，也就是多亏了太太，才能有今天。"这明明是我的事，该由我自己感慨的，谁想他却动不动就提醒了我。

我是在一开始被分配到位于川崎市的玉川事业部的磁带工厂时与妻子相遇的。当时她是事业部部长大岁先生的下级，是我的同事，与我结婚后就辞职了。我的岳父岳母在宫崎从事教育相关工作，妻子便在这样一个环境下出生、成长，或许当地的女性都这样，有着不张扬的性格，默默守护着小家庭。

在我还年轻的时候，大岁先生曾对我说："你刚刚在留心我的一举一动吧？我倒是怪累的。关心别人，就不要让对方察觉，不留痕迹地去关心。"现在想一想，才发现妻子在关心他人方面堪称大师。年轻时的我丝毫没有察觉到妻子对我的关心，所以也不觉得有什么特别需要感谢她的，只是一心扑在工作上。

1992 年，我当时在卢森堡任欧洲方面的最高法人，那年夏天，我陪着来找我玩的小女儿转了瑞士、法国和其他国家，还给她买了奢侈品包。小女儿回到日本不久，就给我寄了一封信，信里写着："我家也有爸爸，超开心的。"看完信后，我的眼镜上起了蒙蒙一层雾。

在卢森堡工作时，我中途也回过一次国，因为大女儿说有事要和我说。她说自己找到了想结婚的人。我被叫到酒店，看着她听说是公司职员的未婚夫，我一时语塞，最后憋出一句人事洽谈一样的话："你近期的目标是什么？"大女儿听完愣在了原地。

我的两个女儿各自都有三个孩子，休息日的时候会一起来聚聚，热闹得很。我现在还会在气氛轻松的家庭聚会上对我女儿的丈夫说扫兴话："如此悠闲自在，真的可以吗？"说完，有过欧洲生活经历的妻子就会打断尴尬局面，然后提醒我下次多加注意。

2019 年刚过完年的时候，孙子用自己在优衣库打工挣来的钱给我买了礼物，也就是在这时，我觉得自己是时候退职了，同时还感慨自己终于从送礼物的人变成收礼物的人了。我的孙子是橄榄球选手，一米九的大高个儿，看着很叫人放心。我总是给孙子加油，让他再长高长大一些，但我突然客观地审视了一下自己，那个特地让已经足够高大的孙子继续长高长大的自己，其实是自卑的，自卑自己的个子不高，并且在此之前以为自己从不在意。这件事让我认识到自己已经步入了人生的最后阶段。

笔者与妻子和两个女儿

我做着远超自己能力的工作，没有丝毫喘息的时间。我只是一味地呆呆地享受着家庭的温馨，没有操心过任何家事，深一脚浅一脚地走到了现在。

挠破公司汽车座椅扶手的山﨑先生

不同于前面写过的素野社长和大岁社长，我在工作中和第二任社长山﨑贞一先生的接触并不多，他很有意思。于是我想在书的结尾，写一写他。

山﨑先生毕业于东京工业大学的电气化学专业，是那位发明铁氧体的加藤与五郎博士门下的学生。他当初毕业后准备去富士电机工作，但最终来了TDK（当时叫做东京电气化学工业）。听说当时好多公司都抢着在做铁氧体的应用化，山﨑先生是与铁氧体一同来到TDK的。

他为人严谨又稳重，最让人佩服的是他不为钱财所动。他买了很多TDK的股票，掌握着大笔财富，但表示不会让大约300亿日元的公司股票分红归个人享有，会全部捐赠出去。而他却在十分简陋的房子里生活着，甚至自己家的大门都破得咯嗒咯嗒直响。

他把"温和厚道"这词诠释得淋漓尽致。我手中留有几本山﨑先生写的小册子，其中一本的某一页上写着："生气了就想想其实生气伤神又费力，还是生气的话就数数吧，依然生气的话就念念佛经，还是不行的话就睡觉吧，最后还不消气那就去医院看看脑子！"这样看来，山﨑社长也是位能够控制住自己情绪的大师。

但这样的山﨑社长也曾在公司用车的座椅扶手上，留下他用指甲沙沙地抓挠出的印子，不过听说他没有让人去维修，似乎是想要以此警示自己。山﨑社长在秋田的工厂工作了很长时间，除了公司的创立者斋藤社长，山﨑社长在历任社长中是最受秋田当地人敬仰的。他创作的文章，其中有好几篇都是为当地的孩子们写的，前面我引用的关于如何控制情绪的内容，就出自他1953年赠给平泽中学毕业生的小册子《心灵食粮》。

山﨑先生就是这样，1970年不景气的时候，公司在秋田征集自愿离职人员，在体育馆为他们开送别会，为了让气氛活跃一点，山﨑先生又是玩游戏又是跳舞，他为大家考虑的心情，完全不是我们这些人能体会的。

山﨑先生出任会长之后，自己掏腰包给公司所有员工买生日贺卡，亲自写上祝福语送给员工。他就是这样一位社长。在我之前的历任社长，都在人们心里留下了深刻印象。我近距离接触到的素野社长、大岁社长，他们就如本书中所写的这般。

在报纸上连载"我的履历书"以来，我收到了好多人的来信。其中有人说："你在书里写大岁社长是你的大恩人，但我读了文章后，觉得反而是不太合得来的佐藤社长才是你的大恩人。"说不定事实真是那样。如果当初佐藤社长不指定我当社长的话，那我之后的人生将截然不同。细细想来，让我出国去卢森堡的磁带工厂历练一番，后面我才能将公司的重心押在磁头上。让我镀了一层金的，也是佐藤先生。

我原本是在社长办公室负责制订一些经营计划，这样慢慢成长起来的，但后面很长一段时间，我的事业重心一直放在磁带上，导致公司里有好多人都觉得我是"磁带人"。社长是从不盈利的部门出来的，这在一般公司来说是想都没法想的，TDK肯定也有抱着同样想法的人。

我平时与素野社长和大岁社长交好，但和佐藤先生不怎么往来，也不曾想过他是我的恩人。但自从我离开公司，写着"我的履历书"，回顾我的人生时，我才发现原来是佐藤先生培养了我，并且这种感觉愈渐强烈。如果说素野先生和大岁先生是我严厉的"祖父"，我对他们只怀敬畏之心，毫无逆反之意；那么佐藤先生就像

加藤与五郎先生（左）和山﨑贞一先生

有点唠叨的父亲，再加上他是我的前任领导，我总想在各种事情上和他一较高下。所以不管是担任社长之前，还是任职社长之后，我好像一直都在和他唱反调。

所以，尽管佐藤先生的的确确在对我言传身教，教我该怎样培养人才，但我没能扎扎实实地学会。年轻的上釜还处在成长期，没能积攒相当的经验就被我冷不丁儿地拉上了社长之位，这样看来，佐藤先生交给我的任务——交接工作，我最终没能干净利落地完成。

后　记

我70多岁去交还驾驶证的时候，窗口的工作人员反复向我确认道："一旦交了就再也不能拥有驾照了，您真的想好了吗？没问题吗？"想起来有些好笑，毕竟是在将近50岁时千辛万苦才考下来的驾驶证。去退还前确实考虑了一段时间，但自己是下定了决心的，所以办理手续时没有一丝迟疑。

2019年3月我辞任TDK顾问时，需要在现场发言，那时我百般纠结。我的上一任社长佐藤社长也和我一样即将离开公司，他心中大概也有着和我同样的感受。这些暂且不提，如同"孩子大了要自立"一样感伤，我在离开公司时因一直无法"断离TDK"而备感痛苦。从社长到会长的时候，从会长到顾问的时候，每退下来一次就任新岗位时我都需要花时间来适应。55年来，我一直备受公司的关照，而从此以后却无法再为公司做任何事情，要让自己接受并习惯这一残酷的事实，可谓极其困难。

虽然离开了公司，但之前的部下、熟人并没有就此变成陌生人，他们都还将我视为TDK的一员。偶尔见面时，他们好几次都还想要跟我汇报公司的经营近况，然后慌忙地回过神来意识到我已经离开TDK了。

离开TDK时，我已是上上任社长了，所以经常会被公司的年轻人问道："那个人是谁？"但是能有幸在《日本经济新闻》醒目的版面刊登"我的履历书"，让我感到自己依然备受关注，因此无论如何也下不了决心离开TDK。

不过，我想这种状态并不能一直持续。年轻时，素野社长曾对我说："泽部，你是个笨蛋，所以很难判断什么是正确的。但你本是拥有一颗对花、对景色之美产生触动的心，请追求美的事物。"在我担任社长期间，每当迷茫的时候，我都会想起素野先生曾对我说的这番话，很多时候我都问自己："这样做是美的吗？"直至如今也仍是这样。我想当一个美好的退休人员。

最近，我经常回想起正宗白鸟的随笔《人生趣话》中的一段话，那是朋友在读时我偶然看到的："老来回首过去，过往种种苦涩经历仿佛趣事般涌入脑海。"

在秋田县的鸟海山（右二是笔者）

生于明治时期的这位作家在写这篇文章时是 77 岁，我今年 78 岁，年龄相差无几。我虽然不知道还有几年的寿命，但是随着日渐老去，我开始执着于在人生的最后阶段发光、发热。随着年岁不断增长，我愈发想几近狂热地用力发声："我还在这儿呢！"我虽然没有这位作家那般豁达，但在离开公司那段时间，他随笔中的那句话，不断在我头脑中浮现。有压力过大无法入眠的时候，也曾遇到过讨厌的人。但是除去这些栩栩如生的片段，留在回忆里的都是痛苦之后令人愉悦的成就感：那个人也帮过我，这个人也关照过我，心中只剩下感激之情。

公司在不断发展壮大的过程中，新的挑战也在接二连三地出现，失败的经历也不知不觉地越来越少，直至消失。大家没有工夫去讨论什么学阀、派阀，甚至对彼此是哪里毕业的都不了解。对大家来说，工作并不是出于义务，而是发自内心的享受，体会个人在职场中成长的乐趣。铁磁体技术人员认为，加热程度是决定性能的关键，便说道："我想进制造炉里试试。"电镀工人用舌头浅尝液体后说："这样就可以了。"当听说这些故事时，我不由得担心：他们这么做真的没问题吗？这些过往像一幅立体全景画一般，全部浮现在我的眼前。

55 年的时光真的像一篇又一篇的趣话。别了，TDK！我从心底感谢 TDK，若有来世，我还想做 TDK 的一员。

泽部肇

2020 年秋

泽部肇年谱

公历	年龄	笔者经历以及公司的大事记		社会大事记
1942	0岁	生于东京都文京区	斋藤宪三（TDK第一任社长）担任众议院总选举候选人，首次当选代议员	加藤科学振兴会成立 东京、川崎、名古屋、四日市、神户首次遭受空袭
1948	6岁	入学东京都杉并区立杉并第六小学（三年级时转入杉并区立堀之内小学）	开始研究滑石磁器制造方法	美国贝尔研究所发明晶体管 远东军事法庭宣判
1954	12岁	升入东京杉并立松之木中学	在秋田建立工会	颁布《防卫厅设置法》，组建自卫队
1957	15岁	升入早稻田大学附属高中	收到NHK200卷同步机磁带的订单	江崎玲于奈发明"江崎二极管" 苏联成功发射"伴侣号"人造卫星
1960	18岁	升入早稻田大学政治经济学院	由于试验性地引入事业部制度，玉川工厂变更为玉川事业部	NHK同4所民办电视台开始正式使用彩色电视 爆发安保斗争
1964	22岁	入职东京电气化学工业股份公司在秋田实习 在玉川事业部总务科做人事管理	新潟地震导致秋田各工厂受灾	第18届东京奥运会开幕
1965	23岁	在玉川事业部会计科做会计管理	在美国纽约设立当地法人	朝永振一郎获得诺贝尔物理学奖

公历	年龄	笔者经历以及公司的大事记		社会大事记
1966	24岁	在总部会计部会计科做会计管理 受岩谷先生指导 做基本技能训练	在大阪证券交易所第一部上市 开始发售同步机磁带	甲壳虫乐队赴日演出
1967	25岁	在总部会计部会计科计数管理部 任管理员	制定公司方针、社训	欧洲共同体（EC）成立
1968	26岁	与辽子结婚	世界上首个盒式磁带SD在美国开售	川端康成获诺贝尔文学奖
1969	27岁		山﨑贞一就任会长、素野福次郎就任社长 股票全市值发行增资（发行价格730日元）	东京大学安田讲堂事件解除封锁 美国"阿波罗11号"登月
1970	28岁	进入总部社长办公室 进入大岁学校	工会首次罢工游行	大阪召开日本万国博览会
1971	29岁	任总部社长办公室策划负责人 第一次海外（中国台湾地区）出差	发售叠层陶瓷电容器	美元冲击
1972	30岁		收购美国SAKI MAGNETICS 同美国仙童半导体设立合资企业	第11届札幌冬奥会开幕

公历	年龄	笔者经历以及公司的大事记		社会大事记
1973	31岁	任社长办公室策划部策划负责人	第二次股票全市值发行增资（发行价格900日元）开发高性能磁性材料"Abilene"	石油冲击（第1次）江崎玲于奈获诺贝尔物理学奖
1974	32岁	对海外投资者召开公司说明会	发售转换式电源	佐藤荣作获诺贝尔和平奖
1975	33岁		发售使用Abilene的卡带磁带SA	第1届发达国家首脑会议（峰会）在法国召开
1977	35岁	任社长办公室策划课长	发售盒式磁带AD	日元汇率急速上涨至1美元兑250日元
1978	36岁		总部搬迁至东京都中央区日本桥（日铁日本桥大楼）发售Beta型、VHS视频录像带	东京芝浦电气股份公司发明日语文字处理机成田国际机场建成通航
1979	37岁	委托美国穆迪公司定级	荣获《日本经济新闻》优良企业排行榜第二名	石油冲击（第二次）索尼股份公司发售"WALKMAN"随身听
1980	38岁		发售多层片式电感器	两伊战争爆发
1982	40岁	为公司上市奔赴纽约	在纽约证券交易所上市	9家公司同时发售激光唱片（CD）播放器

公历	年龄	笔者经历以及公司的大事记		社会大事记
1983	41岁	任经营策划部总课长兼策划课长	素野福次郎就任会长、大岁宽就任社长 公司名称改为TDK株式会社（TDK CORPORATION） 世界田径锦标赛选手号码牌赞助商（此后每届都为赞助商）	东京迪士尼乐园开园 洛克希德贿赂案审判完毕，判决首相田中角荣有期徒刑 美国里根总统访日
1984	42岁	任经营策划部长	皇太子、皇太子妃到访秋田工厂 策划长期计划"Trillion90"	东京证券交易所股票平均价格突破1万日元大关 长野县西部发生地震
1985	43岁	任磁带事业部策划部长	发行战后国内首个无担保普通公司债券	日本航空公司大型喷气式客机在御巢鹰山坠毁
1986	44岁	任磁带事业部策划部长兼市场部长	收购中国香港的SAE（制造机械硬盘的磁头的公司）	切尔诺贝利核电站发生事故
1987	45岁		大岁宽就任会长、佐藤博就任社长 策划长期计划"NT Plan"	日本国铁分割民营化 利根川进获诺贝尔生理学或医学奖

公历	年龄	笔者经历以及公司的大事记		社会大事记
1989	47岁		在卢森堡成立TDK Recording Media，制造、销售记录媒介	昭和天皇驾崩，年号改为"平成"柏林墙倒塌
1991	49岁	任磁带事业总部欧洲事业部部长，首次出国工作（任TDK Recording Media社长）		多国部队对伊拉克发动战争，海湾战争爆发
1992	50岁		发售镀有有机染料记录层的光碟（CD-R）	通过PKO法案（《协助联合国维持和平活动法案》）
1996	54岁	任磁头事业部负责人被授予卢森堡大公国指挥官级功勋勋章		日本驻秘鲁大使馆人质危机移动电话用户人数超1000万
1997	55岁		清偿向银行贷款的设备资金（公司独立清偿无对外贷款）	山一证券破产
1998	56岁	任社长任日本经济团体联合会委员长	泽部肇任社长、佐藤博任顾问发售机械硬盘的高密度记录GMR磁头	第18届冬奥会开幕数字化网络社会时代到来

公历	年龄	笔者经历以及公司的大事记		社会大事记
1999	57岁	任日本电子机械工业会副会长（2000年卸任）任日本电子材料工业会会长（2001年卸任）	成功研发TMR磁头	新货币欧元正式发行 世界总人口突破60亿
2000	58岁	任日本能率协会董事（2009年卸任）	收购美国Headway公司（制造机械硬盘的磁头的公司）	IT泡沫破裂 BS数字广播开播 白川英树获诺贝尔化学奖
2001	59岁	任卢森堡大公国驻东京名誉总领事（至今）任经济产业省产业竞争力战略会议委员（2002年卸任）	TDK-MCC株式会社北上工厂竣工实施破格转职制度	美国同时发生多起恐怖事件 野依良治获诺贝尔化学奖
2002	60岁	任电子信息技术产业协会电子元件部门会长（2004年卸任）任日本记录媒体工业会会长（2004年卸任）	导入执行董事制度招聘外部董事薪酬咨询委员会开始活动	小柴昌俊获诺贝尔物理学奖 田中耕一获诺贝尔化学奖
2004	62岁	被授予蓝绶褒章（因对产业振兴做出了贡献）被授予卢森堡大公国阿道夫拿骚功绩勋章	加入Blu-ray Disc Founders团体	制定《裁判员法》 新潟县中越地区发生地震

公历	年龄	笔者经历以及公司的大事记		社会大事记
2005	63岁	决定退出磁带业务领域 任电子信息技术产业协会副会长	收购香港的ATL公司（生产可充电式锂离子电池） 收购英国Lambda电源公司（生产工业电源） 生产开发机械硬盘磁头的浅间技术工厂获日本经济报社的"日经制造大奖" 获日本IR协会颁发的"IR优秀企业奖"	个人信息保护法开始全面实行 确立邮政民营化法案
2006	64岁	任TDK公司会长 任日本电子信息技术产业协会董事（2011年卸任）	泽部肇任会长、上釜健宏就任社长 在第77届全国城市棒球大赛中首次获得冠军	中国经济高速增长 日本棒球队在世界棒球经典赛上获得冠军
2007	65岁	任日本IR协议会会长（2012年卸任）	将磁带业务转让给美国Imation公司	日本成功发射了月球探测卫星"月亮女神"

公历	年龄	笔者经历以及公司的大事记		社会大事记
2008	66岁	任日本经济团体联合会中小企业委员会委员长（2011年卸任）任旭硝子公司（现在的AGC有限公司）的外部董事（2014年卸任）任帝人有限公司的外部董事（2016年卸任）任野村证券有限公司的外部董事（2011年卸任）	收购德国的EPCOS（生产电子零部件）获富士产经集团主办的第17届"地球环境大奖"	美国苹果公司的iPhone手机在日本发售发生雷曼事件南部阳一郎、小林诚、益川敏英获诺贝尔物理学奖下村脩获诺贝尔化学奖
2009	67岁	任野村控股有限公司外部董事（2011年卸任）任经济产业省中小企业政策审议会委员（2011年卸任）	铁氧体的发明与应用被认定为IEEE里程碑	民主党取得压倒性胜利，美国政权交替美国总统奥巴马获诺贝尔和平奖
2010	68岁	任早稻田大学董事	TDK实现了初期铁氧体的量产，被载入重要科学技术史资料（未来技术遗产）中	小行星探测器"隼鸟号"返回地球铃木章、根岸英一获诺贝尔化学奖

公历	年龄	笔者经历以及公司的大事记		社会大事记
2011	69岁	任董事会议长 任有限公司日本经济报社外部监事会成员（2019年卸任） 任早稻田大学评议员	铁氧体的发明与应用被社团法人电气学会表彰为"电气之基石"	发生"3·11"东日本大地震
2012	70岁	任日本能率协会董事（2018年卸任）		山中伸弥获诺贝尔生理学或医学奖
2013	71岁		总公司迁至东京都港区芝浦地区	富士山入选世界文化遗产
2014	72岁	任早稻田大学评议会副会长	从记录媒体事业退出 铁氧体被评为"战后日本技术革新100选"	乌克兰危机 赤崎勇、天野浩、中村修二获诺贝尔物理学奖
2015	73岁	任有限公司茌原制作所的外部董事（至今）	2014财年（截至2015年3月）的销售额首次突破1万亿日元	大村智获诺贝尔生理学或医学奖
2016	74岁		上釜健宏任会长、石黑成直就任社长 收购德国的Micronas（制造传感器）	大隅良典获诺贝尔生理学或医学奖 特朗普当选美国总统
2017	75岁		收购美国公司InvenSense（制造传感器）	道琼斯股价指数突破2.4万点大关

公历	年龄	笔者经历以及公司的大事记		社会大事记
2018	76 岁	任早稻田大学评议会会长（至今）	总公司迁至东京都中央区日本桥附近（日本桥高岛屋三井大厦）	史上初次朝美首脑会晤 本庶佑获诺贝尔生理学或医学奖
2019	77 岁	任石桥湛山纪念财团评议员（至今）卸任公司顾问		明仁天皇退位、德仁皇太子继位，年号改为"令和" 吉野彰获诺贝尔化学奖
2020	78 岁	被授予旭日重光勋章		

图书在版编目（CIP）数据

泽部肇自传 /（日）泽部肇 著；范文 译 . —北京：东方出版社，2024.3
ISBN 978-7-5207-3581-0

Ⅰ . ①泽… Ⅱ . ①泽… ②范… Ⅲ . ①泽部肇—自传
Ⅳ . ① K833.135.38

中国国家版本馆 CIP 数据核字（2023）第 145883 号

本书中文简体字版权由汉和国际（香港）有限公司代理
中文简体字版专有权属东方出版社
著作权合同登记号 图字：01-2022-4933

泽部肇自传
（ ZEBU ZHAO ZIZHUAN ）

作　　者：［日］泽部肇
译　　者：范　文
责任编辑：钱慧春
出　　版：东方出版社
发　　行：人民东方出版传媒有限公司
地　　址：北京市东城区朝阳门内大街 166 号
邮　　编：100010
印　　刷：小森印刷（北京）有限公司
版　　次：2024 年 3 月第 1 版
印　　次：2024 年 3 月第 1 次印刷
开　　本：787 毫米 ×1092 毫米　1/32
印　　张：7
字　　数：104
书　　号：ISBN 978-7-5207-3581-0
定　　价：54.00 元
发行电话：（010）85924663　85924644　85924641